당신의 말을 내가 들었다

페미니즘프레임

인터뷰

당신의 말을 내가 들었다

안미선 지음

낮은산 F

차례

프롤로그

한 사람의 말을 들을 수 있다면

이제 나는 인정했다. 내 말이 당신의 말에서 나왔다는 것을. 온전히 나만의 할 말이 있었던 게 아니라, 당신의 말을 만나 비로소 하고 싶은 말이 생겨났다는 것을. 내가 말할 수 있었던 건 결국 삶을 지켜 내려는 당신의 확고한 의지 덕분이었다는 것을 나는 받아들였다. 당신의 말을 부여잡은 순간, 이곳에 계속 머물러야 할 이유가 내게도 생생해졌다.

그러자 책을 쓰고 싶다는 생각이 들었다. 당신이 어떤 이야기를 들려주었는지, 내가 그 이야기 때문에 어떤 말을 하게 되었는지 드러내는 책을 말이다. 당신은 조금 놀랄지도 모른다. 말을 듣는 동안 침묵하던 내가 이렇게나 할 말이 많았다는 사실에. 말 한마디에 환해지고 그늘지던 속내를 솔직히 드러낸 것에. 그 자리에서 느꼈던 이야기를 견딜 수 없이 하고 싶어진 건 당신을 잊을 수 없기 때문이다.

이 책은 내가 한 인터뷰에 관한 책이다. 다른 사람을 만나 이야기를 듣고 기록해 온 그간의 경험이 고스란히 담겨 있다. 나는 여성으로서 주로 여성들을 만나서 이야기를 들었다. 그들의 목소리를 세상에 알리고자 글을 써 왔다. 때로 그녀가 나를 불렀고 때로 내가 그녀를 불렀다.

그들은 자신과 같은 상황에 처한 여성들에게 힘이 되기를 바랐다. 그 용기 덕분에 만남이 가능했다. 어떤 때는 자신을 '비천하다'고 여겼지만 그들의 이야기는 결코 비천하지 않았다. 그들은 다른 이에게 도움이 된다면 가져가라고 자신의 이야기를 선물처럼 내밀었다. 그들은 자신뿐 아니라 다른 이들을 위해 내키지 않는 이야기까지 다 해낼 수 있었다. 그 진심을 나는 그 자리를 떠나서도 잊지 못한다.

안전한 거리를 유지하며 타인을 손쉽게 대상화하는 세상에서, 어떤 이들의 진심은 발밑에 고인 그림자처럼 가려진다. 농담과 웃음과 울음 뒤에 숨은 진심을 마주하는 일이 편안하지만은 않았다. 하지만, 진심으로 이르는 길은 매끈한 풍경 속에 있지 않다.

이야기는 한 사람의 말이 그 사람만의 유일한 말이 아님을 알게 해 주고, 타인이 무시무시하거나 혐오스러운 존재가 아니라 서로 같은 욕망과 희망을 가진 공통의 존재라는 점을 깨닫게 해 준다. 서로 직접 만나서 배울 수 있다는 점에서 말을 하고 듣는 일의 중요성은 결코 작지 않다. '한 사람'의 말이 '우리'의 말이 될 수 있다는 건 함께 다른 세상을 꿈꾸고 만들어 갈 근거가 된다.

말하고 듣는 자리는 무언가가 만들어지고 변해 가는 자리다. 함께 마주 앉아 상대의 숨소리를 듣고 눈빛을 본다. 마음에 스쳐 가는 잔물결의 파동을 느끼고 함부로 단언할 수 없는 한 사람의 진심을 목격한다. 그러다 문득 그의 관점에 다가갈 때 또 다른 세상의 모습이 비로소 보인다. 그런 만남은 그 자리에 있는 이들을 변화시키며 세상을 좀 더 긍정할 수 있게 한다.

단 한 사람이어야 할 수 있는 일이 있다. 속 깊은 이야기를 진지하게 듣는 것도, 주변의 시선을 의식하지 않고 자신의 슬픔과 기쁨을 토로하는 것도, 단 한 사람을 마주할 때 가능하다. 한 사람과 한 사람이 만났을 때 그 사이에서 일어나는 일이 있다. 속엣말과 감정을 이야기할 분위기가 만들어지고, 숨어 있던 상처와 그에 맞서 싸운 내력을 펼쳐 놓을 용기가 생겨난다. 온전한 응시와 이해하기 위한 분투가 시작된다. 둘 사이의 공간은 때로 부풀어 오르고 어긋나고 일렁이면서 서로의 감정과 이야기들을 바람처럼 오가게 한다. 인터뷰는 한 사람이 한 사람을 만나서 일상과 다른 방식으로 서로를 겪어 내는 일이다.

마주한 자리에서 마음으로 들어가는 길이 조금씩 열린다. 남루한 현실의 자리가 아니라 한 사람의 마음이 간직한 빛나는 순간에 닿기도 한다. 그럴 때 인간은 꼭 현실의 조건에 사로잡힌 존재가 아니며 여러 겹의 시간을 품고 자신의 시간을 실현하는 존재라는 사실을 알게 된다.

하지만 여성이 '한 사람'이 된다는 것은 이 사회에서 아직 어려운 일이다. 여성들은 개인으로서 자신의 느낌과 생각을 표현하고 그 언어를 존중받고자 줄기차게 노력해 왔고, 지금도 노력하고 있다. 사회의 편견, 외부의 위협과 내면의 공포, 외면하고 싶은 욕구에 맞서 말하려면 여성들은 협력해야 한다. 만남의 자리에서 질문과 답을 함께 이해하기 위해 각자가 세운 경계를 흩트리고 다시 탐색해야 한다. 일방적인 기준으로 정의되고 치부되는 집단으로서가 아니라 자기 자신으로 돌아갈 때, 그곳에서 여성의 말하기가 시작된다.

나도 그녀와 마찬가지였다. 우리는 자기 자신이 되고자 노력했고 인터뷰 자리에서 우리의 언어를 찾아내기 위해 고투했다. "나는 실패했다" "내 삶은 의미가 없었다"고 그녀가 말해도 나는 믿지 않았다. 그 삶을 그렇게 단정하고 싶지 않았다. 그녀가 지금 말하고 있기 때문에. 내가 듣고 있기 때문에. 그녀는 자신의 말을 하고 있었고, 그 말의 의미를 찾는 한 나도 그녀도 아직 실패한 게 아니었다.

한 활동가는 "앞으로도 계속 활동하면서 여성들과 만나 가고 싶어요. 만나지 못하고 단절되면 여성끼리 서로 분노나 미안함을 느끼게 돼요. 갈등이 일어난다고 해도 여성들이 계속 만나야 서로가 느낀 모욕감과 오해를 이야기할 수 있어요. 서로 만나고 얘기해야 의지하고 함께 갈 수 있다고 믿어요"라고 말했다.* 만나지 않으면 서로를 알 수 없다. 우리 사이에 놓인 차이를 이해하면서 연대의 가능성을 찾아내려면 크고 작은 만남의 노력을 지속해야 한다.

말하고 듣는 일은 사람의 마음을 통하게 하고 우정을 다지고 연대할 수 있는 광장을 새로이 마련해 낼 수 있다. 다른 이의 진심과 만나고 함께하기 위해 어떻게 말 걸고 들어야 하는지, 새로운 질문 앞에서 어떻게 다시 말해야 하는지 이 책이 작은 귀띔이 되면 좋겠다.

인터뷰를 하면서 알게 되었다. 과거의 이야기들이

---

* 『언니, 같이 가자!』(한국여성인권진흥원 기획, 안미선 지음, 삼인, 2016), 305쪽.

토대가 되어 우리가 지금의 자리에 발 딛고 있다는 것, 여전히 남아 있는 이야기들이 있어서 그 힘으로 앞으로 나아갈 수 있다는 것을. 당신과 나 사이에 있었던 이야기들을, 그 즐겁고도 위태로웠던 순간들을 이제 꺼내 보인다. 나는 바란다. 보이지 않는 자리에서도 우리가 함께 나아가기를. 당신의 이야기도, 그로 인한 나의 이야기도 계속해서 이어지기를. 가까스로 만나고자 하는 사람들의 노력이 결코 끝나지 않기를.

노크

질문을 두 개 받았다.

하나는 이따금 마주치는 질문이다.

"어떻게 하면 인터뷰를 잘할 수 있나요?"

인터뷰를 잘하면 좋은 결과물을 얻을 거라고 예상하며 던지는 질문이다. 그런데 이 질문이 매번 낯설다. 인터뷰 대상이 사람이고 언제나 새로운 사람을 상대하기 때문이다. 무엇보다 인터뷰는 관계를 기반으로 이루어진다. 이야기를 해 주는 사람이 혼자 말하는 것이 아니다. 질문을 하고 말을 듣고 이야기를 이끄는 사람이 그 과정과 결과에 뚜렷하게 존재한다. 인터뷰를 기술처럼 연마하여 사적으로 소유할 수 있는 능력처럼 여기면 관계성을 놓칠 수 있다.

두 번째는 북 콘서트에서 사회자가 던진 질문이다.

"왜 여성들을 주로 인터뷰해 오셨나요?"

뜻밖의 질문이었다. 내가 선택했다기보다 당연한 일로 여겨 왔기 때문이다. 여성인 나는 다른 여성의 이야기가 궁금했다. 가장 열심히 경청할 수 있었고, 나의 문제로 공감하며 받아들일 수 있었다. 누구를 만날지는 나의 조건과 관심사에 따라 정해진다. 그러므로 듣는 이와 말하는 이를 뚝 떨어뜨려 놓고 생각할 게 아니라 그 둘의 삶이 어떻게 연결되어 있는지 보아야 한다.

인터뷰에 관한 책을 써 보고 싶다고 생각한 건 그 낯선 질문들에 나름대로 답하고 싶었기 때문이다. 한번 말해 보려 한다. 내가 만난 여성들이 알려 준 것과 말로 잘 포착되지 않는 현장의 속내를. 인터뷰를 진짜 잘하려면 무엇을 해야 하는지. 현실의 여성들을 만나 오면서 무엇을 느꼈는지.

그러면 내가 한 일이 무엇을 위한 것이고 내가 어떤 사람인지도 함께 드러날 것이다. 나를 감추고서 상대를 볼 수 없다. 나를 글의 행간에 드러내지 않고 상대의 이야기를 쓸 수 없다. 나의 한계를 알지 못하면 상대의 진면목을 상상할 수 없다.

나에 대해 말하자면, 대한민국 국적이고, 지방에서 살다가 이십 대부터 서울에서 지냈으며, 대학교를 졸업했고, 중년이고, 불안정하긴 하지만 프리랜서 예술인으로서 일하는 여성이다. 좀 더 자세히는, 성격이나 취향, 가족관계, 가치관 같은 것들도 들여다볼 수 있을 것이다. 늘 되도록 객관화해서 생각하려고 한다. 나는 무엇을 좋아하고 무엇을 싫어하는지, 사람을 만나면 어떤 것을 기대하고 어떤 반응에 취약한지. 왜냐하면 나와 다른 사람을 만나러 가는 길이기 때문이다. 내가 본 적 없는 사람을, 내가 겪은 적 없는 세상을 살아온 사람을 만나러 가기 때문이다.

그 사람에 관한 자료를 읽어 보고 질문을 준비하지만, 예상한 것들이 사실과 다를 수 있다. 기대한 답을 듣지 못할 수도 있다. 주제에 대해 잘 이야기해 줄 사람을 섭외하지만 그가 진짜 말하고 싶은 것이 그 주제와 관련 없는 것일 수도 있다. 그럴 때 나는 어떻게 해야 할까? 그런 고민도 인터뷰의 과정이다. 보통 상대를 이해하는 데 실패하는 것은 그와 내가 동일한 입장에 있다고 생각하고 나의 잣대와 판단으로 평가하기 때문이다. 그것만큼 이 일을 망치기 쉬운 것도 없다. 그래서 묻게 된다. 나는 어떤 사람일까? 나는 내가 만날 사람을 어떤 사람이라고 생각하나?

늘 자신과 다른 사람을 만나기 때문에 그 차이를 인정해야 한다. 나의 위치가 사회의 어디쯤인지 알고 상대의 위치가 어디인지 가늠할 수 있어야 그 차이를 선명하게 인식할 수 있다. 차이가 차별이 되는 건 위계를 짓기 때문이다. 차별은 도덕적인 평가나 혐오 등 여러 모습으로 나타난다. 차이를 제대로 인식하려면 차이가 환경과 조건의 산물이라는 점을 명확히 이해해야 한다.

각자의 위치에 따라 사람들은 다른 습관과 생활방식과 이해와 신념을 가지고 살아간다. 세상에 똑같은 얼굴을 한 사람이 없듯이, 지문이 모두 다르듯이, 저마다 개성을 가지고 살아간다. 지역, 계층, 세대, 성, 종교, 직업, 교육 수준…… 사회적인 조건이 한 사람의 삶을 틀 짓는다. 하지만 개인은 그 틀에만 종속된 존재가 아니기에 그 조건을 바꾸어 내기도 한다. 묻는 사람은 자기와 다른 한 인간으로서 말하는 이를 받아들일 수 있을 때, 자기중심적 판단과 서술에서 벗어날 수 있다.

나 또한 고정관념과 계속해 맞부딪혀야 했다. 타인에 대해서 나도 대중매체가 보여 주는 이미지 이상 이해하지 못했다. 마치 패키지여행을 할 때 한정된 시간과 공간에서 여행자들이 찍은 사진이 비슷비슷한 것, 건성으로 듣는 가이드의 설명들이 천편일률적인 것과 크게 다르지 않았다. 쳇바퀴 같은 일상에서 매스컴이 보여 주는 화면을 통해 세상을 이해하는 건 그런 패키지여행과 닮은 구석이 있다.

이를테면 지역의 할머니를 인터뷰할 때 나는 '고향의 할머니'는 푸근한 사랑을 베풀어 줄 거라고 막연히 대상화된 이미지를 가졌다. 그 환상은 금세 깨어졌다. 가난과 가부장적 억압 아래 먹고살기 위해 닥치는 대로 일을 해야 했다고 했다. 고단하고 팍팍했던 이야기, 질투와 원망과 회한, 급기야 더 얘기하기 싫다고 하는 단호함 앞에서 말을 잃었다. 내 고정관념이 가부장제 사회에서 나이 든 여성에게 부과하는 성 역할과 같은 이미지였다는 걸 나중에 깨달았다.

다양한 사람을 만나 이야기를 들으며 비로소 깨닫는다. 내가 속한 계층과 세대의 좁은 시야를. 그래서 잘했다는 기억보다는 당혹감에 맞부딪힌 기억이 남는다. 생각과 현실의 어긋남, 좁은 울타리 안에서 그게 세상의 전부인 양 살아온 데 대한 반성. 나중에는 내가 모른다는 걸 인정하고 겸허히 경청하는 것 말고 다른 방법이 없다는 걸 알게 되었다.

사람들이 저지르기 쉬운 잘못은 묻는 사람이 질문할 특권을 가지고 있다고 여기는 것이다. 다른 이의 감정에 아랑곳없이 자신이 궁금해하는 질문을 잇달아 쏟아내고 정보로서 그 답만 듣기를 원한다. 그러고는 자기 관점에서 한 질문에 상대가 맞는 답을 했는지 틀린 답을 했는지 점수를 매기려 한다. 질문은 위계상 높은 이들이 할 수 있다는 사회적 관습 때문인지 모른다. 대화의 주도권을 쥐었을 때 느끼는 우쭐함 때문인지 모른다.

하지만 그곳은 일상의 장과 다른 곳이다. 삶의 경험들이 오로지 말로써 아슬아슬하게 전달되거나 전달되지 못하는 자리이며, 몸과 몸이 서로를 응시하는 자리다. 묻고 되물으며 고조되는 팽팽한 긴장, 한 발 더 다가가는 질문과 망설이는 답변 사이의 소리 없는 분투, 말에 담겨 있는 편견들, 상투적인 표현 속에서 숨죽이는 진실, 말의 진짜 뜻을 내비치는 잠깐의 숨소리, 금방 사라지고 마는 눈빛과 표정……. 다른 사람을 만나 마음속으로 한 발 한 발 들어가는 과정에는 긴장과 집중과 존중이 필요하다.

처음 생각해 볼 문제는 누구를 만나서 어떤 질문을 할 것인가다. 그건 인터뷰 목적과 묻는 이의 관심사와 관련이 있다. 대상으로 누구를 정할까? 주제에 대해 누가 그 이야기를 해 줄 수 있는지 물색해야 한다. 자신이 누구를 만날 수 있는지, 이해할 수 있는지 알아야 한다. 나에게는 그 대상이 거의 여성이었다. 일하는 여성, 아이를 키우는 여성, 철거로 집을 잃은 여성, 성폭력이나 성매매 경험이 있는 여성, 국가 폭력에 맞서 싸우는 여성…… 여성의 눈으로 본 세상의 모습을 알리고 싶었다.

조연출로 참여했던 다큐멘터리 〈나도 노동자이고 싶다〉(김태일 감독, 2003)가 제8회 부산국제영화제에서 상영된 적이 있다. 비정규 노동을 하는 여성들의 이야기를 모은 작품이었다. 텔레마케터, 야쿠르트 판매원, 청소 노동자…… 일터나 집으로 가서 직접 인터뷰를 진행했기에 그 얼굴들이 눈에 익었다. 커다란 스크린에서 주인공이 되어 말하고 움직이는 모습을 보니 울컥했다. 주목받지 못하는 자리에서 일하는 이들이었다. 그들은 그 순간 주인공이 되어 자신들이 삶을 위해 얼마나 당당하게 애쓰고 있는지 모두에게 보여 주었다. 숨죽인 관객들에게 주목받고 잠시나마 존중받고 있었다.

눈시울이 뜨거워졌다. 온전히 그녀들 편에 서고 싶었다. 직접 만나기 전까지는 잘 몰랐다. 그녀들이 일하면서 일상적으로 받는 차별은 내가 여성으로서 받는 차별과 이어져 있었다. 생각해 보면 여자들은 그동안 쉽게 이름 붙여지고 오해받아 왔다. 그녀들의 노동은 아무나 할 수 있는 '싼값의 일'로 치부되었고 그래서 그 일을 하는 존재도 그런 대접을 받았다. 야쿠르트 판매원을 촬영할 때 한 남자 행인은 내 앞에서 그녀를 집적거렸다. 가내 부업을 하는 여성은 자신이 시녀 같다면서 어린 딸에게 결혼하지 말라고 이른다며 갑갑한 한숨을 쉬었다. 텔레마케터 일을 하고 집에 돌아온 여성은 남편이 소파에서 쉬는 사이 허겁지겁 청소를 해야 했다.

영화관에서 나는 속으로 외쳤다. '여성들이 길에서, 일터에서, 집에서 얼마나 열심히 일하며 사는데, 왜 잘 알지도 못하면서 여성들에 대해 함부로 말하고 대하고 그러 놓느냐!' 그때가 시작이었다. 비켜난 존재도 주인공이 된다면 그 눈에 비친 세상을 다른 이에게 보여 줄 수 있었다. 그들을 둘러싼 황량하고 쓸쓸한 풍경을 남들도 보게 할 수 있었다. 그들은 그 무엇에도 무릎 꿇지 않은 채 세상을 자신의 눈으로 가늠하면서 살아가고 있었다. 스크린에서 관객들은 '사람'을 보고 있었다.

그건 어쩌면 빗자루 하나, 야쿠르트 한 개, 귀찮은 전화 한 통에 묻혀 버린 삶을 이들에게 돌려주는 것과 같았다. 이후 여성들의 목소리를 기록할 기회가 생길 때마다 만나고 듣고 썼다. 막상 여자로 한국 사회에서 살아 보니 내 삶을 설명할 언어가 너무 적었고, 세상의 통념대로 따르자니 감정과 사실을 배반하는 것 같았다. 여자들은 다 할 수 없는 말 가운데 어떤 말은 삼키고 어떤 말은 입 밖으로 내려 애썼다. 그들이 결국 해내고야 마는 이야기가 내 이야기의 숨통조차 틔운 듯 고맙고 통쾌했다.

왜 여성을 인터뷰하느냐는 질문에 나는 이렇게 답변했다.

"여성의 목소리는 결국 그 시대의 젠더에 따라 자원이 분배되는 방식을 드러냅니다. 여성들이 그 과정을 어떻게 겪었고, 어떻게 기억하는가를 주목해 보면 아무리 사적인 이야기에도 그 사회의 억압과 차별의 실상이 담겨 있습니다."

여성의 이야기에는 차별받은 경험뿐만 아니라, 억압을 견디고 차별에 대항해 싸워 온 주체적인 모습도 담겨 있다. 불평등한 현실 속에서 낮은 목소리에 귀 기울여야 한다. 그 목소리를 사회는 평등하게 들어야 한다. 이는 목소리의 주인에게 본래의 몫을 돌려주는 작업이다.

나는 이 일을 하면서 고정관념에서 벗어나려고 애쓸 수 있었다. 또한 불평등에 민감해질 기회를 얻었다. 내가 가지고 있는 생각에 의심을 품고 거리를 두려고 노력하자 다른 풍경을 가진 타인의 내면이 설핏 보이기 시작했다. 그게 내가 변할 수 있는 길이고 세상을 바로 볼 수 있는 방법이었다. 사실, 인터뷰를 하기 전에는 번번이 떨리고 두렵다. 내가 잘 해낼 수 있을지 의심이 든다. 삶에서 주어지는 일이 대개 그렇듯, 직접 겪어 봐야 알 수 있는 일이 있다. 매번 새로운 사람을 만나는 이 일이 딱 그렇다.

인터뷰는 과감한 '노크'다. 다른 사람의 마음의 문을 두드리는 노크. 그전에 먼저 내 마음의 문을 열어야 한다. 듣고 답하는 과정에서 우리는 말로 할 수 있는 것과 없는 것을 탐색하고 끊임없이 서로의 닫힌 문을 두드린다. 그러고는 함께 만들어 낸 말을 끌어안고 독자들의, 그리고 이 세상의 닫힌 문을 두드린다.

한 기지촌 활동가가 그토록 바란 것도 사람들의 마음을 진심으로 '노크'하는 일이었다.

"수십 년이 지났지만 이 사회의 가난하고 그늘진 곳은 달라진 게 없었고, 밑바닥 여성들의 삶과 목소리는 여전히 묻혀 있었다. 나는 세상과 얘기하고 싶었다. 나는 손을 들고 혼자 열을 내고 땅바닥을 치며 내 얘기를 들어달라고 외치고 있었다."*

처음 만났을 때, 그녀는 환갑이 넘은 나이였다. 그녀는 자서전을 쓰기 위해 12년을 준비했고, 나는 이십 대 초짜 기록자였다. 방에 앉은 나를 보고 그녀와 그녀의 친구들은 "문교부 장관 딸이 왔다"고 좋아했다. 농담이었지만, 기지촌에서 성매매로 살아온 자신들과 '양갓집에서 자라고 교육을 받은 아가씨'인 나 사이에 그렇게 큰 차이가 있다고 여긴 것이다. 설거지도 못 하게 하고, 시중드는 일도 못 하게 하면서, 자신들의 이야기를 일 분, 일 초라도 더 듣고 기억해 줬으면 하던 목소리를, 눈빛을 잊을 수 없다. 그 방을 떠난 후에도, '여성들이 아무리 땅을 치고 외쳐도' 세상이 듣지 않는 이야기가 엄연히 있다는 사실이 머릿속에서 떠나지 않았다.

---

* 『아메리카 타운 왕언니 죽기 오분 전까지 악을 쓰다』(김연자 지음, 안미선, 엄상미 기록·구성, 삼인, 2005), 256~257쪽.

인터뷰를 준비하면서 내가 마지막에 하는 일은 잘 해야겠다는 생각을 버리는 것이다. 간절히 다가오는 삶 앞에 모든 문턱을 낮춰야 한다.

이제 당신이 두드려야 할 문이 눈앞에 있다.

공간

모든 공간에는 숨어 있는 이야기가 있다. 공간은 그 이야기를 우리에게 들려준다. 사람을 만나 말에만 주목하면 될 것 같지만, 공간은 말로 표현되지 않는 여러 사실을 담고 있다. 그곳에 머무르는 이에 관해 소리 없이 많은 것을 알려 주는 것이다.

이야기를 편하게 할 수 있는 장소에서 인터뷰하는 것이 좋다고 한다. 그곳이 어디일까? 여성에게 그 공간은 집일까, 일터일까, 집과 일터를 떠난 다른 곳일까?

집에서 이야기하는 것이 편하다고 해서 찾아갈 때도 있지만, 그녀가 집을 떠날 수 없는 형편이어서 가는 경우도 있다. 돌봄 노동을 하는 여성에게 집은 느긋한 쉼터가 아니라 시간을 다퉈 일해야 하는 공간이다. 어린 아이가 있다면 그녀는 마음이 더 바쁠 것이다. 아이가 울고 식사 준비와 다음 일정으로 분주할 것이다. 손님이 온다니 청소에 신경 쓸 거고 어쩌면 음료수 한 잔 내어놓는 일이 부담스러울지 모른다.

함께 사는 남성이 집에 있다면 자신을 찾아온 사람에게조차 정작 하고 싶은 이야기를 하지 못할 수 있다. 집 안에서 해내야 하는 성 역할 너머의 이야기라도 할라치면, 식구들의 귀를 의식해 다른 방에서 소리를 죽여 말할 때도 있다. 그런데도 집이라는 자리를 떠날 수 없는 이에게 집은 이야기를 할 수 있는 유일한 공간이다. 그녀가 집에서 이야기해도 된다고 허락하는 건, 타인을 호의로 자기 공간에 초대하는 일이다.

일터에 가서 인터뷰를 하는 경우에, 그녀가 일하는 모습을 직접 볼 수 있고, 동료들과의 관계를 이해할 수 있으며, 공적으로 보이는 태도를 알 수 있다. 때로 말을 나누기 위해 일터에서도 한갓진 공간을 찾거나 주변의 양해를 구해야 하는 경우도 생긴다.

카페처럼 일상을 떠난 공간에서 인터뷰를 할 때는 좀 더 자유롭게 이야기할 수 있지만, 개방된 공간이어서 감정에 집중하기 어려울 수도 있다. 음악과 사람들의 소음이 있는 곳에서 어떻게 집중해 이야기를 나누어야 할지 신경 써야 한다. 말해 줄 이가 도저히 시간을 따로 낼 수 없다고 해서 길거리에서 만난 적도 있다. 아르바이트하는 이를 잠시 만나 이야기를 나누거나, 시멘트 바닥에 앉아 집회에 참석한 이들의 얘기에 귀를 기울이기도 했다. 정답은 없지만, 되도록 인터뷰에 집중할 수 있는 장소를 고르는 것이 좋다.

기억에 남는 공간들이 있다. 한 미혼모를 인터뷰하러 갔을 때였다. 초인종을 몇 번 누르니 문이 열렸다. 한눈에 들어오는 작은 원룸이었다. 현관 바로 앞에 싱크대가 있고 안쪽으로 침대가 있었다. 세간살이라 할 게 없는 조촐한 살림이었다. 식기도 없었고, 밥을 해 먹은 흔적도 없었다. 싱크대에 분유통 하나와 젖병 두어 개가 달랑 놓여 있을 뿐이었다. 창문이 닫혀 있어 공기는 꿉꿉했다. 그 방 한가운데에 태어난 지 몇 달 안 된 흰 낯빛의 아기가 아무것도 모른 채 잠들어 있었다. 그 방을 보고 그녀가 자신이 가지고 있는 모든 걸 걸고 아기를 지키고 있다는 것을 알았다.

어느 날에는 비정규직 여성 노동자를 인터뷰하러 포클레인 위로 올라가야 했다. 불법 파견 문제를 알리고 직접 고용 정규직화를 외치는 자리는 하늘 가까운 곳이었다. 말없이 앉아 있는 여성 노동자들 뒤로 사라진 공장의 터가 있었다. 단식으로 메마르고 지친 노동자들은 애써 웃으면서 그곳까지 찾아온 이들에게 하나라도 더 알려 주고 싶어 했다. 그 자리에서 받은 느낌을 나는 이렇게 썼다.

"6년의 시간을 거치면서 살은 떨어져 나가고, 이곳에 남아 있는 것은 뼈였다. 그 앙상함에서 단단한 결기가 느껴졌다. 포클레인에는 흰 종이꽃들이 달려 있고 색지들이 공중에서 나부낀다. '하늘로 가는 꽃상여'. 미술가들이 밤을 새워 작업한 다음, 포클레인은 톱날을 수그린 몸체에 꽃이 돋아나 노동자를 싣고 삶을 위해 전진하는 상여가 되었다."*

또, 함께 작업했던 『마지막 공간』에는 잊을 수 없는 공간 이야기가 나온다. 황학동에서 오랫동안 다방 일을 했던 나이 든 여성이 부엌 구석에 큰 거울로 가려 놓은 쪽방을 보여 주었다. 좁고 물이 새는 공간, 축축하고 얼룩진 그 공간이 그녀가 아무도 모르게 딸을 20여 년 동안 키워 낸 곳이었다. 다방에서 혼자 딸을 기르느라 그녀는 가슴을 졸이며 수시로 거울을 들춰 외딴 방을 드나들었다. 벽에는 가톨릭 성화가 그려진 엽서 수십 장이 나란히 붙어 있었다. 사람들이 자기를 "길에 내놓은 그릇" 취급을 하니 "작은 성당"을 다방 안에 세워 자기를 지키고자 했다. 그녀는 한마디로 말했다. "게슈타포에 쫓기는 안네처럼 살았어요."**

전쟁 중이 아니어도 어떤 사람들에게 삶은 전쟁 같

---

* 「'의원님, 64만 원으로 살 수 있다고 봅니까?' 물었더니…」(〈프레시안〉, 안미선, 2010년 10월 29일).

** 『마지막 공간』(김순천 외 지음, 삶이 보이는 창, 2004), 83~111쪽 참조.

다. 그곳은 한 사람의 마지막 공간, 최후의 보루였다. 공간에 있는 것들은 눈에 보이는 것뿐 아니라 보이지 않는 것까지 말해 준다. 숨어 있는 방, 사진이나 기념품, 온도, 분위기…… 공간은 그 사람과 연결된 자리이므로 한 사람이 주변과 관계 맺는 방식을 있는 그대로 보여 준다.

나중에 다시 그녀를 찾아갔을 때 다방은 다른 이의 손에 넘어가 식당으로 바뀌어 있었다. 식당 안 벽은 도배를 말끔히 해 엽서들은 튀어나온 자국으로만 남았다. 함께 간 작가는 벽지에 덮인 예전 엽서 자국을 보고 눈물을 글썽였다. 딸은 결혼을 하고 나서 연락이 거의 끊겼다. 그녀는 밤이면 그 건물의 계단참에서 잤다. 식당 주인의 배려로 계단에서 지낼 수 있으니, 이곳을 아주 떠나지 않아도 되어 좋다며 그녀는 웃었다.

아무도 입 밖에 내지 않았지만, 그녀가 사회 바깥으로 추방되었다는 것을, 그리고 그곳은 죽음과 가까운 자리라는 것을 모두 알고 있었다. 그녀는 단지 씩씩하게 하루하루 버티고 있을 뿐이다. 작가들이 이름 붙인 '마지막 공간'조차 빼앗겼지만 그녀는 살아 내고 있었다.

또 떠오르는 자리가 있다. 송전탑이 들어서는 것을 반대하며 싸우는 주민들 이야기를 담은 『밀양을 살다』 작업을 할 때였다. 내가 만난 구술자는 점심때 "라면밖에 못 끓여 준다"는 말과 함께 마을회관에서 만나자고 했다. 마을회관에서 인터뷰하기는 처음이라 사람들이 오가거나 산만하지 않을까 염려했는데 다른 사람은 아무도 오지 않았다. 마을회관에서 그이는 미닫이문을 활짝 열고 맞은편에 보이는 삼거리의 육교를 가리켰다.

그 자리는 2년 전에, 송전탑에 반대하며 분신 사망한 이의 자리였다. 아마도 그곳을 보여 주고 싶어 마을회관으로 불렀을 것이다. 그이는 그 육교 위에서 어떤 일이 벌어졌는지 생생하게 이야기했다. 사람이 쓰러져도 줄기차게 수직으로 솟구치는 불길에 대한 기억과 함께, 이야기는 아직 하얗게 탄 자국이 남아 있는 육교를 향하고 있었다. 열심히 살았지만 지금 아무것도 남은 게 없다고, 송전탑이 들어온다고 자식조차 피하는 땅에서 자기 인생도 헛되게 되었다고 했다.

"그때 내가 육십여덟인데, 아무리 해도 빛이 안 나고 갈수록 진보성이 없고 끝이 참해야 하는데 내가 슬퍼요. 그런 거 생각하면…… 눈물 나요. 송전탑 들어오니까."*

그이는 사람들이 잊고 싶어 하는 일을 되새기며 그

---

* 『밀양을 살다』(밀양구술프로젝트 지음, 오월의봄, 2014), 172쪽.

자리를 지키고 싶어 했다. 먼저 죽은 이의 기억을 지키고 평생 맨손으로 일궈 낸 삶의 자리를 지키고자 했기에 그이는 그곳을 떠날 수 없었다. 공간이 말하는 이의 내면과 연결되어 있을 때 그 공간은 의미 있게 다가온다. 그때 공간은 그 자체로 이야기의 관점과 내용을 담아내기도 한다.

그래서 나는 사람들의 진짜 이야기는 어떤 장소에 결부되어 있다는 생각을 하게 되었다. 〈82년생 김지영〉(김도영 감독, 2019)에서도 그런 장소가 눈에 들어왔다. 영화에는 지영이 베란다에서 쓸쓸해하는 장면이 나온다. 돌아가는 세탁기와 돌려야 하는 청소기와 씻겨야 하는 아이와 씻어야 하는 그릇들…… 몰아치는 일감에 둘러싸여 지영은 혼자 있었다. 집이라는 공간을 책임져야 하는 압박에 숨 막혀 하며.

"해 질 녘이면 가슴이 쿵 하고 내려앉는다"면서 아파트 베란다에 선 그녀가 지는 해를 보며 고통스럽게 자아를 느낀다. 그 좁은 베란다는 가족을 등지고 세상으로 향하는 자기만의 자리다. 그녀에게 주어진 공간은 숨은 이야기를 감추고 있다. 공간을 지키면서 공간을 떠나고자 하는 여성들의 이야기는, 자신을 찾아가는 노력을 멈추지 않는 여정의 이야기다.

그렇게, 말을 들으러 가서 특정한 공간에 있는 한 사람을 만난다. 어떤 공간에 머물러야 한다고 규정된 사람이, 실제로 어떤 공간을 꿈꾸고 있는가도 듣는다. 그들이 삶에 가지는 애착과 책임에 비해 세상이 돌려주는 자리는 보잘것없고 협소하다. 자기 공간에서 어떤 일을 겪는지 그들은 들려주고 싶어 하지만 때로는 무엇이 문제인지 풀어내기 어려워 머뭇거리기도 한다.

특히 여성들이 이야기를 할 수 없게 하는 강력한 금기는 공적 영역과 사적 영역의 분리다. 여성은 사회적 지원이 끊긴 자리에서 고립되어 육아를 하고, 경력단절을 겪고, 저임금의 불안정 노동을 하고, 복지의 사각지대에 놓인다. 그런데 이들의 이야기는 '집안일'이므로, 공적으로 들을 가치가 없다고 여겨져 왔다. 젠더 고정관념은 실제로 세상의 눈길과 지원이 이들이 겪는 사회적 고통에 닿는 것을 막는다. 여성에게 주어진 공간은 그녀에게 주어진 기회만큼 제한적이다.

집 안이라는 공간뿐 아니라, 집 밖이라는 공간도 그녀가 마음 놓고 말하기에는 위태로웠다. 집 안에서 하는 여성의 이야기와 집 밖에서 하는 여성의 이야기가 결국 다르지 않은데도 말이다. 한 식당 노동자는 일하면서 집에 두고 온 아이의 끼니를 걱정했다. 남의 밥을 차리느라 정작 가족과 식사를 할 수 없다고 말했다.

여성이 집 안에서 아이를 혼자 키우거나, 집 밖에서 차별을 받으며 일하거나, 여자아이가 젠더 고정관념 속에서 사회화되거나, 나이 든 여성이 외롭게 죽어가는 것은 서로 다른 이야기들이 아니라 하나의 이야기다. 공간을 분리해 보지 말아야 한다는 것은 삶을 토막 내 한 가지 의미로만 부각하지 말아야 한다는 뜻이다. 그래야 이어지는 시간 속에서 한 사람이 처한 단절된 공간의 의미가 분명해지고 해야 할 이야기도 뚜렷해진다.

집과 일터, 공공장소의 이야기가 맞물리며 여성들은 진짜 표정을 곳곳에 숨기고 있다. 더 많은 기록이 여성들에게 주어진 공간을 뚫고 나와야 한다. 그래서 한 여성을 만나 이야기를 들으러 찾아갈 때 이 공간이 어떻게 세계와 연결되어 있는지 이해할 필요가 있다. 공적인 영역과 사적인 영역이라는 인위적인 구분을 넘어, 사적 영역으로 은폐된 그녀의 목소리가 공간의 실체와 함께 들리게 해야 한다. 공간이 그녀의 삶과 어떻게 이어지고 있으며, 묻고 듣는 이의 삶과도 잇닿아 있는지 헤아려야 한다.

그 공간에 놓인 사람의 위치를 이해하고, 그 공간의 메시지를 사회적으로 유의미한 메시지가 될 수 있게 언어화해 내는 것이 중요하다. 빈방에서 하는 독백, 고립된 일터에서 지르는 고함, 보이지 않는 곳에서 쉬는 한숨까지 드러내 보여야 한다. 그녀라서 감내해야 하는 문 닫힌 공간은 없어야 한다는 믿음을 가져야 한다. 그녀에게 다른 공간이 허락되기를 꿈꾸어야 한다.

앞에서 말한 미혼모는 이야기 끝에 "저, 잘할 수 있을까요?" 하고 혼잣말처럼 물었다. 아기를 키울 수 없을 것 같아 보육원으로 보내야 하는 것 아닌가 망설여진다는 말끝에서였다. 자신도 건강하지 않은데 아기가 아플까 봐 걱정이 되어 잠이 오지 않는다고 했다.

"자꾸 누구한테 의지하게 되는 게 싫은데, 의지하고 싶어요. 의지하면 안 된다는 생각만 있고 자꾸 의지하게 돼요. 그래서 싫어요. 제 자신이 싫을 때가 많아요. 혼자서는 못 하겠더라고요."*

그 방은 그녀가 모든 절망을 무릅쓰고 아기를 낳고 지켜 낸 자리였다. "잘할 수 있어요." 나는 대답했다. 이 한 칸 방이 끝까지 남아 있기를 진심으로 바랐다. 이곳이 마지막 공간이 아니길 바랐다.

사람들의 이야기를 들으러 갈 때마다 목격한다. 그들이 있는 자리가 쓸쓸하고 외딴곳이라 해도, 그들은

---

* 『똑똑똑 아기와 엄마는 잘 있나요?』(서울아기 건강 첫걸음 사업 기획, 안미선 지음, 동아시아, 2019), 162쪽.

최선을 다해 그 자리에서 살아가고자 한다는 걸. 또다시 그들을 길거리에서, 포클레인 위에서, 식당에서, 불타오르는 다리 앞에서, 비밀의 방에서 만날지 모른다. 그들이 들려준 이야기는 그들이 머무르는 장소보다 언제나 더 컸다.

그들의 장소가 꼭 지켜지기를 바라지만, 또 다른 곳에서도 우리가 만날 수 있기를 바란다. 그럴 권리가 우리에게 있다고 믿는다. 우리는 과거와 미래를 오가면서, 할 수 있는 것과 할 수 없는 것 사이를 점점 더 좁혀가면서 이야기를 나눌 것이다. 더 나은 삶을 요구하면서 우리가 마주한 현재의 공간을 화살처럼 가로질러 뚫고 나아갈 것이다.

녹음

앞으로 무슨 일을 할까 고민하던 차에 일단 녹음기를 사기로 했다. 막연하게 글을 쓰며 살고 싶다는 생각은 했지만, 어떤 글을 쓰고 누구를 만나야 할지는 고민 중이었다. 큰맘 먹고 용산전자상가에서 카세트 녹음기를 샀다.

녹음기가 있으면 어디를 가든 든든할 것 같았고, 내가 무얼 하려는지 잊지 않을 수 있을 것 같았다. 다행히 우연한 기회로 공동 작업을 하게 되었고, 이후 일을 해 달라는 제안을 잇달아 받게 되어 그 녹음기는 제 쓸모를 발휘했다. 당시에는 녹음기가 있는 사람도 흔치 않아서 함께 작업할 때는 여러 사람이 이 녹음기를 사용했다. 녹음기를 이렇게 쓸 수 있다니 그저 신기하고 고마울 따름이었다. 20년이 지났지만, 나는 녹음기를 버리지 못하고 서랍 안에 넣어 두었다.

녹음을 하는 이유는 말을 잘 기록하기 위해서다.

기자가 시간을 다투는 기사를 쓰는 경우, 취재원의

말을 그 자리에서 노트북으로 받아 적기도 한다. 하지만 좀 더 시간 여유를 두고 깊은 이야기를 듣는 경우에는 되도록 녹음을 하고, 말하는 이에게 집중하면 좋다. 눈을 바라보고 공감하며 말의 뜻을 헤아리고 다음 질문을 생각하는 자리에서 도구는 단출할수록 좋기 때문이다. 서로의 기분이 전달되기 때문에 듣는 이의 태도는 중요하다. 말을 놓치지 않으려고 바쁘게 메모하는 데만 신경 쓴다면 그 자리에 있는 여러 단서와 이야기의 의미를 놓칠 수도 있다.

듣는 말은 소중해서 한마디도 놓치고 싶지 않다. 그럴 때 이야기를 모두 기억할 수 없으니 기계의 힘을 빌려 그 순간의 이야기를 붙잡아 둔다. 때로 알아듣기 어려운 사투리를 쓰거나 몹시 빠른 말투로 이야기하는 사람을 만나면 나는 속으로 녹음이 잘되고 있을 거라고 스스로를 안심시킨다. 녹음의 장점은 기억의 한계를 벗어나 현장의 목소리를 재생시켜 내용을 확인할 수 있다는 데에 있다. 사실관계를 확인하면서 정리할 때도 녹음은 요긴하다.

말하는 이가 녹음을 꺼릴 때도 있다. 그럴 때 나는 녹음의 장점을 말하며 설득하는 편이다. 당신이 말한 것을 정확하게 쓰고 싶어서 녹음하는 거고, 나만 들을 거고, 기록만을 위한 일이라고 말하면 대부분 수긍한다. 말하는 이는 녹음기에 대고 말하는 게 아니라 상대의 눈과 표정을 보며 이야기가 잘 전달되는지 확인하면서 말한다. 그래서 시간이 갈수록 녹음기의 존재가 잊히기도 한다. 그건 인터뷰가 잘되고 있다는 의미다. 그러나 그 순간에도 한 사람의 말이 공중에게 전해질 수 있도록 저장되고 있다. 녹음은 우리가 친밀함을 나누려고 대화하는 것이 아니라 공통의 주제에 대해 서로 협력해 이야기를 만들어 가고 있다는 걸 일깨워 준다.

녹음이 아닌 비디오카메라를 써서 인터뷰를 진행한 적도 있다. 영상으로 남기면 나중에 역사적인 자료로 가치가 있을 것이라는 주변의 조언에 따른 것이었다. 인터뷰이의 동의를 구하고 녹화를 시작했지만 카메라를 의식하느라 부자연스러운 점도 없지 않았다. 비디오카메라는 영상과 음성을 모두 담을 수 있어 재현하는 데 도움이 되지만 그에 대한 대가도 따른다.

구술사 연구자 윤택림은 이 점을 다음과 같이 지적하며 가장 단순한 기록의 방법이 연구자가 시도할 수 있는 최선의 방법이라고 강조한다.

"기록의 기술이 복잡해짐에 따라 더 많은 정보를 얻을 수 있지만, 나중에 더 많은 분석을 요하며 연구자가 이해하려는 세계로부터 연구자를 더 멀리 있게 한다."

비디오카메라를 사용하려면 카메라의 기능과 그 결과물로 나올 화면이 어떻게 전달될지 파악해야 한다. 동선의 제한을 받고, 비디오 촬영 시 무슨 일이 일어나고 있는지 알고 그 과정을 통제해야 한다는 부담도 따른다. 무엇보다 비디오 촬영은 카메라 작동에 주의를 기울이게 해서 연구자를 단순한 관찰자나 외부자로 만드는 경향이 있다.*

나는 주로 녹음기를 써서 녹음만 하는 편이다. 내가 만난 많은 여성이 처음에 이렇게 물어 왔다. "사진은 찍지 않죠?" 그들은 자신이 인터뷰했다는 것이 알려지면 일터에서건 가정에서건 불이익을 받을 거라고 여겼다. 때로 가명으로 처리해 달라고 요청했다, 나는 녹음을 하는 것이 제한된 상황에서 최선이라는 생각을 하게 되었다.

그러나 녹음된 소리는 모든 것을 담아내지 못한다. 말하는 이의 얼굴과 몸짓이 담겨 있지 않다. 그 순간에 우리가 동시에 느낀 감정이 담겨 있지 않다. 이야기를 하다 보면, 드러나는 말과 행동 너머 마음에 가닿는 공감의 순간이 있다. 평이하게 녹음된 소리에는 그 내면

* 『문화와 역사 연구를 위한 질적연구방법론』(윤택림 지음, 아르케, 2004), 122~124쪽 참조.

의 생각과 느낌이 드러나지 않는다. 녹음된 이야기를 되살리기 위해서는 인터뷰어가 이해하고 느낀 점들을 담아야 한다. 그래서 녹음된 소리는, 실제로 나눈 입체적이고 풍부했던 시간의 질감을 되살리기 위해 입김을 불어넣어야 하는 질료가 된다.

그 작업을 하기 위해서는 시간 싸움을 해야 한다. 분위기를 잊어버리기 전에 녹음된 소리를 녹취록으로 정리하고 추가로 떠오르는 것을 메모해 놓아야 한다. 나는 하루나 이틀을 넘기지 않고 녹취록을 바로 정리하는 습관을 들여 놓았다. 세세한 것들은 금세 기억에서 흐릿해지고 생생한 감정을 잃어버린다. 녹음된 목소리는 좀 더 구체적인 모습과 느낌을 입어 두 사람 사이의 내면을 거친 새로운 형상으로 재탄생되어야 한다.

사실 녹음과 녹취록과 인터뷰 때의 이야기는 엄연히 다른 성질을 지니고 있어서 완전히 일치하기는 어렵다. 음성 언어의 억양과 고저와 강조점을 녹취록이 완전히 담아내기 어렵고, 녹음은 말하는 이의 모습을 담아내지 못한다. 무엇보다 듣는 이는 카메라도, 존재감 없는 관찰자도 아니기 때문에 그 태도와 생각이 상대에게 영향을 주며 새로운 이야기를 만들어 내기도 한다. 그곳의 느낌과 감정은 녹음에도 녹취록에도 담겨 있지 않지만 이야기에서 중요한 요소다.

녹취록에 남겨진 모든 말이 글로 되살아나는 것도 아니다. 한정된 지면에 싣기 위해, 좀 더 전달력 있게 글을 구성하기 위해, 녹취록에서 말을 선택해야 하고 그 말들이 모여 생기는 의미에 초점을 두어야 한다. 그 과정에서 기록하는 이는 편집자이자 어떤 의미에서 창작자가 되어, 말의 더미에서 선명하게 부각할 단어와 문장을 찾고 의식적으로 내용에 담아낸다.

녹음된 말을 들을 때는 인터뷰를 한 시점과 시간의 차이가 있으므로 그 사이에 객관화된 거리감이 생기기도 한다. 그것은 인터뷰를 진행하면서, 말하는 이에 주목하고 감정에 집중할 때는 가지지 못한 거리감이다. 묻는 사람의 '자아'가 삭제된, 주로 상대의 음성으로 이루어진 소리를 다시 한 번 듣노라면 그가 무슨 메시지를 전하고자 했는지가 제대로 이해되기도 한다. 상대가 정말 하고 싶었던 이야기가 무엇인지, 그 말이 어떤 맥락에서 나온 것인지 분명히 깨닫는 것이다.

때로는 묻는 이가 흐름에 맞지 않는 질문을 하거나, 실수로 적절하지 못한 반응을 했다는 것도 녹음된 음성을 들음으로써 파악할 수 있다. 반대로 진행이 원활하지 않다고 느꼈는데 막상 녹음을 들어보니 잘 진행되었다는 걸 알게 될 때도 있다. 당시에는 대수롭지 않은 이야기라고 여겼는데, 녹음을 듣다가 그 사람의 마음을 이해하는 데 그 부분이 중요한 내용이라는 걸 파악하기도 한다. 이렇게 녹취록을 작성하고 나면 이야기에서 어떤 내용들이 서로 지형을 그리며 한 사람의 내면을 이루고 있는지 나름대로 해석할 수 있다. 써야 할 글도 구체적인 상으로 떠오르는 경우가 많다.

녹음을 할 때 여성들은 다양한 반응을 보였다. "내가 살아온 이야기를 책으로 쓰면 수십 권은 될 거다"라는 말을 입버릇처럼 했던 이도, 정작 녹음이 시작되면 무슨 얘기를 어떻게 해야 할지 몰라 멀뚱히 바라보기만 했다. 녹음을 한다는 것 자체가 대단한 일인 것처럼 여기는 경우도 있었다. 방에 있는데도 연단에 오른 것처럼 긴장해 말을 잇지 못했다. 들어주는 이 없어 속엣말이 쌓인 나이 든 여성들이 더 그랬다.

한번은 옷깃에 마이크를 꽂아 드렸더니 그걸 의식한 나머지 뻣뻣하게 목을 세우고 이야기하는 분도 있었다. 녹음을 마치고 나서는 귀중품이라도 되는 듯 직접 만지지 않고 마이크를 빼 달라고 턱짓으로 옷깃을 가리켰다. 그분들은 평생 들에서 농사를 지었거나 공장에서 노동을 했거나 '식모'나 '버스안내양'으로 일했던 여성들이다. "우리 얘기가 뭐 들을 게 있다고……" "내 얘기하고 싶지 않은데……" 하면서도 가족들도 모르는 이야기라며 몇 시간씩, 며칠씩 말을 했다. 그러고 나서도 더 이야기하면 좋겠다며 아쉬운 눈으로 녹음기를 내려다보았다. 자신에게 다시 오지 않을 기회라는 듯이.

등이 휘어지게 일했다는 한 노인은 이제 옛날 일은 기억도 잘 안 나고 살아온 세월이 사라진 것만 같다며 아쉬워했다.

"댁은 글을 아니까, 일기라도 날마다 써요. 그러면 남잖아. 나는 글을 몰라 남은 것이 없어요. 후회가 된다니까. 죽으면 다 없어져. 글은 남아나. 오늘 뭐 했다, 뭐 했다. 인생살이 이렇구나, 이렇게 써 나가면 남는 거여. 말도 마라, 옛날 노릇 말도 마라. 고향 생각하면 지금도 가고 싶은데, 친구도 다 죽었지. 나는 지금도 친구들이 생각나는데…… 가 보면 뭐 해요. 이젠 소용없어. 인제는 소용없어. 나는 있는 자리서 그래 살았어. 지금도 그래, 그래도 살아."*

그러면서 자신도 "글을 쓸 줄 알았더라면……" 하고 말끝을 흐렸다. 그랬을 것이다. 글을 익혔다면 그녀도 썼을 것이다. 인생에서 배운 것을 써서 남길 수 있었을 것이다. 자신이 사랑하는 사람들에게 그 얘기를 알려 줄 수 있었을 것이다.

---

* 「오늘 일도 하고 오늘 밥도 먹고 이게 인생살이 남는 거야」(『삶이 보이는 창』 90호, 안미선, 2013).

글은 특권을 가지고 있다. 글로 남아 있는 것이 역사가 되고, 글로 기록된 내용만 검증된 사실로 여겨지며 공식적으로 승인된다. 문자가 힘을 획득하는 사이 자신의 역사를 글로 남기지 못하는 보통 사람들, 소수자들의 경험과 앎은 변방으로 밀려났다. 여성들은 남들에게 보여 주지 않는 내밀한 일기나 편지, 구술을 통해 자신들의 역사를 남겨야 했고, 이들의 기억은 객관성을 의심받았다. 여성들이 실제로 어떤 일을 경험했고 어떤 느낌으로 살았는지는 부차적인 문제로 취급되었기에 공식적인 기록에서 그녀들의 목소리는 종종 누락되었다.

나는 이름 없는 작가가 바닥에 놓은 작은 녹음기 하나에도 예의를 차리면서 자리를 내어주던 이들을 기억한다. 틀린 말을 하지 않으려고 애쓰던 얼굴들을 기억한다. 그녀들은 또박또박 말하면서 때로 무의식중에 손을 모으고 있었다. 그 손은 주름지고 거칠었다. 쓰라린 세월 속에서 이를 악물고 살아온 이들이다. 폭풍 속에서 집을 지켜 왔고 자신이 겪은 고통을 물려주지 않으려고 아등바등하며 다음 세대를 길러 낸 이들이다. 여성의 역사가 기록되지 않고 전승되지 않는다는 것은 우리를 길러 낸 자리를 우리가 모르고, 우리가 여전히 물려받은 문제를 이해할 수 없다는 뜻이다. 그녀들이 입을 열고 내가 그 이야기를 들을 때 나는 그녀들뿐 아니라 나를 이해할 수 있다. 그래서 녹음기를 켜는 순간 마음이 간절해진다. '부디 말해 주세요, 당신이 살아 낸 이야기를 들어야 내가 살 것 같아요.'

녹음된 소리를 들으며, 한 자 한 자 글로 옮기며, 나는 글자들이 환기하는 목소리와 그 삶을 떠올린다. 내가 몰랐던, 그때까지 볼 수 없었던 세상을 어렴풋이 보기도 한다. 삶에서 말로, 말에서 글로 옮겨질 때, 글자들은 나의 시간을 딛고 새겨지며 타인들이 읽고 이해할 수 있는 모습을 갖춘다. 그녀가 방에서 한숨과 눈물로 한 말들은 그 방에 떠다니던 먼지처럼 흩어지지 않고 녹음을 통해 이렇게 오롯이 모여서 종이 위에 쓰인 '글'이라는 몸을 얻는다. 삶을 견디면서 그녀가 경험한 것, 느낀 것, 싸운 것이 작은 역사가 되어 남는다.

나는 흰 종이 위의 글씨들이 우리를 위해 남아 있다는 것에 격려를 받는다. 되도록 이 글자들이 오래오래 살아남아 그녀가 떠난 뒤에도, 나의 기억이 다한 뒤에도 여성들이 어떻게 세상에 자신들의 목소리를 남기고자 했는지 기억되기를 바란다.

녹음(錄音), 목소리를 기록한다는 것. 목소리의 기록이 문자의 기록으로 이어지면 실제 했던 이야기가 사라지지 않는다. 일시적으로 나눈 말에 그치지 않고 글로 다른 이들에게 전달되어 의식을 확장시킨다. 여성

개인의 이야기가 역사성을 띠게 되는 것이다. 이러한 기록이 모이면 계보가 된다. 그러므로 여성이 다른 여성의 목소리를 기록하는 행위는 자신들의 역사성을 남기기 위한 실천이다.

이런 글을 읽었다. "만약 여자들이 남자들과 다르게 생각하고, 사랑하고, 원한다면 어떻게 될까? 그렇다면 이제부터 그것을 말해야만 한다. 여자의 목소리, 즉 또 다른 하나의 말을. '남성다움'이 열망하고 있는 가장 높은 가치들로부터는 존중받지 못하는 말을 말이다."* 여성들은 지켜 내야 하는 것과 싸워야 하는 것에 대해 생각하고 행동해 왔다. 끈질기게 자기 말을 놓지 않았다. 얼마나 무수한 말이 떠다니며 여성의 삶을 휘감고 있는지 모른다. 그럼에도 여자들의 말과 글은 서로 부축해 가며 목소리를 내기 위한 여정을 멈추지 않는다.

---

* 『이제 여성도 말하기 시작한다』(안니 르끌렉 지음, 정을미 옮김, 열음사, 1990), 11쪽.

말

그곳은 말을 기다리는 자리다.

그만이 할 수 있는 말, 그 사람만의 생각과 감정이 담긴 말을 말이다. 처음부터 그 말을 들을 수 있는 건 아니다. 말하는 이가 묻는 이에게 마음을 열면서 주제에 대해 진솔하게 답변할 때 그 말은 나온다.

말들은 서로 다른 기억을 담고 이어진다. 어떤 말은 무거운 울림이 있다. 어떤 말은 가볍게 발화되고 사라진다. 때로 말들은 논리적으로 이어지지 않고 수수께끼처럼 도약해 버린다. 어떤 말은 흐느낌과 함께 나온다. 말들은 제각기 다른 기억을 품고, 다른 감정을 불러일으키면서 타인의 마음에 가닿는다.

어떻게 하면 인터뷰를 잘 진행할 수 있을지 묻는 질문에 보통 하는 답들은 평범해 보인다. '말을 경청하라, 이야기를 진심으로 궁금해하고 듣고 싶어 한다는 느낌을 줘라, 존중하면서 들어라……' 다 맞는 말이다. 실제로 말을 잘 듣는 것밖에 특별한 방법이 없다. 남의 말을 잘 듣는 사람은 인터뷰를 잘 진행할 자질을 가지고 있다.

중요하게 다루는 건 말이므로, 묻는 이는 말을 경청한다. 상대가 무슨 말을 하고자 하는지, 그 말이 무엇을 의미하는지 주의를 기울여 듣는다. 말은 한 사람의 과거로 들어가는 문이자, 현재의 욕망을 담고 있는 그릇이며, 미래에 대한 판단이 담긴 디딤돌이다. 사람들은 제각기 다른 화법을 쓰고, 자신만의 고유한 기억과 세계관을 말에 새겨 넣는다. 묻는 이는 그 말들이 이끄는 대로 상대의 마음속으로 들어간다. 말을 듣는다는 것은 징검다리를 건너는 것과 같다. 말 한마디 한마디의 울림은 동일하지 않다. 어떤 말에는 감정이 더 담겨 있고 어떤 말은 가벼운 설명에 그친다. 크기나 모양이 서로 다르지만 한 방향으로 향하는 징검돌처럼.

마이클 래비거 교수는 인터뷰 진행자의 역할을 높이 평가한다. 인터뷰는 타인과 직접 마주해서 깊이 있는 질문을 통해 듣고 반응하며, 삶을 표현하는 것을 돕는 일이기 때문이다.

"영화가 누군가의 이야기를 잘 전달할 때, 혹은 영화가 특별히 내밀한 감정을 드러내면서 카타르시스를 얻을 수 있고 어떤 사람의 영혼을 들여다보는 느낌을 갖게 될 때, 그것은 전적으로 감정이입에 민감하고 숙

련도가 높은 인터뷰 진행자가 이끌어 낸 결과이다. 미묘한 방식으로 인터뷰 진행자는 상대에게 필요한 지도를 해 주거나 또는 필요한 방해를 함으로써 그의 영혼이 드러나도록 자극한다."*

인터뷰에서 '영혼이 드러나도록 자극'하는 일은 내밀하고 섬세한 작업이다. 그 사람을 위해 자신의 생각과 판단을 어느 정도 미룬 채, 말의 흐름을 주시하는 일이다. 듣는 이는 상대의 말을 위해 자신의 말을 보류하고, 마음을 다해 집중한다. 말하는 이는 상대가 어떻게 듣고 있는지 금방 알아챈다. 그 역시 듣는 이의 반응을 주시하고 그 반응에 따라 할 말을 조절한다. 말을 듣는 사람의 표정과 태도가 내용에 바로 영향을 끼친다.

인터뷰 중에 다음 질문을 어떻게 해야 할지 궁리하며 시선을 내리깐 적이 있었다. 맞은편에 앉아 있던 여성은 자신이 살아온 시간이 녹록지 않았다는 이야기를 하던 참이었는데, 내가 시선을 피한다고 여겼는지 자조적인 목소리로 물었다. "제 얘기가 별거 없죠?" 내 동작이 어떤 영향을 끼쳤는지 깨닫고 나는 곧바로 고개를 젓고는 다음 질문을 이어 갔다. 질문하는 이의 한숨, 웃

---

* 『다큐멘터리』(마이클 래비거 지음, 서울영상집단 기획, 조재홍·홍형숙 옮김, 지호, 1997), 227쪽.

음, 침묵, 시선의 방향이 대답하는 이에게 뚜렷한 영향을 끼친다. 그래서 질문하는 이는 자신의 모습이 상대에게 어떻게 보이고, 어떤 감정을 불러일으킬지 염두에 두며 인터뷰를 진행한다.

사회적 지위가 낮아 존중받지 못하고 비난당한 경험이 많은 사람일수록 이야기하는 것을 경계하고 조심스러워한다. 때로 타인들이 자신에게 했던 비난의 말로 삶을 표현하고 스스로를 깎아내리기도 한다. 인터뷰어는 인터뷰이가 솔직하게 말하는 데 무엇이 방해가 되는지 알아야 한다. 말하는 이가 자신의 감정이 담긴 이야기를 할 수 있도록 해야 한다. 필요하다면 듣는 이가 적극적인 지지자가 되어야 한다. 그 점에서 듣는 이는 확고한 관점을 가지고 있어야 한다. 세간의 잣대로 한 사람의 삶을 판단하면, 가진 것 없고 아프고 억압받는 삶의 옹호자가 되기 어렵기 때문이다. 모든 목소리가 평등해야 한다는 것을 믿고 주저하는 목소리에 힘을 불어넣을 수 있어야 한다.

한 여성은 형편이 어려워 집에서 아기를 낳았다는 이야기를 했다. 화장실에서 자기 손으로 직접 아기를 받았다고 했다. 그녀는 그 말을 하고 나서 입을 다물어 버리고는 방구석에 쪼그리고 앉아 내 반응을 살폈다.

다르게 살아온 사람이니 결국 이해할 수 없을뿐더러 속으로 비난할 수도 있다고 여겼는지 모른다. 무슨 질문을 더 해야 할까? 이 상황에서 거리를 두고 질문하는 건 의미가 없었다.

나는 최선을 다한 그녀를 적극적으로 지지하기로 했다. "그래도 아기를 위해 손으로 머리를 받쳤잖아요?" "맞아요, 바닥에 부딪히지 말라고." "잘하셨네요. 그다음엔 어떻게 하셨어요?" 우리는 출산 과정에서 일어난 일에 관해 구체적으로 말을 나누었다. 탯줄과 태반을 어떻게 했는지, 그다음 처치를 어떻게 했는지. 이야기를 하고 나서 그녀가 눈물을 흘렸다. "아기가 나한테 와서 미안했어요. 나한테 와서 너무 미안하고…… 감사했어요." 자기 같은 엄마에게 아기가 와 준 것에 대한 미안함과 고마움이 그녀가 말하고 싶었던 진심이었다. 그녀는 엄마라고 불리는 게 지금도 꿈같다고 말했다.

산후 우울이 깊었다는 다른 여성을 인터뷰할 때도 비슷한 순간이 있었다. 그녀는 아기를 낳고 나서 힘들었다고 했다. 아기를 잘 못 보고, 집안일도 잘 못 하고, 돈도 못 버니까 자신이 무기력하고 쓸모없는 사람 같았다고 말했다. 나는 잠시 망설였다. 질문은 이야기에 영향을 준다. 다른 관점에서 질문을 하면 말하는 이는 삶을 새롭게 볼 수 있다.

"출산을 하고 나서 아기를 어떻게 키울지, 집안일을 어떻게 할지 그 전에 배운 적이 없잖아요?" 내 질문에 그녀가 눈을 크게 떴다. "그래요. 학교에서 입시 공부만 했고, 대학 가서는 취직 공부를 했고, 직장에서는 밤샘하면서 일했어요. 아기를 낳아 집에서 어떻게 해야 하는지 어디서도 배운 적이 없어요." 그러고 나서 그녀는 경력이 단절되면서 느낀 분노와 슬픔에 대해 말했다.

"가정일이나 가사일이 나한테 안 맞고 잘 못하니까 그간 (직장에서) 일하면서 쌓였던 내 자부심이 와르르 무너져 버리는 기분이더라고요. 젊을 때는 일로써 자존감을 키우려고 일에 막 매달리잖아요. 결혼해서 막상 살아 보니 그런 거는 상관없는 거야. 지금까지 밤샘해 가며 열심히 쌓아 왔던 것들이 아무 의미 없는 모래성 같고…… 거기에서 오는 허탈감이랄까, 그래서 좌절감이 생기고 우울해진 것일 수도 있어요."*

한마디 질문이, 긍정하는 시선이, 소리 없이 보내는 지지가 적극적으로 말하고 감정을 탐색하는 데 도움이 된다.

소수자들에게 사회적 발언권을 주려는 이들은 숨

---

* 『엄마의 탄생』(김보성, 김향수, 안미선 지음, 오월의봄, 2014), 66쪽.

어 있는 말을 어떻게 드러내고 말에 힘을 부여할 수 있을지 고민한다. 인터뷰이가 자기 삶을 묘사하는 방식은 다양하다. 자부심을 가지고 언어화하기도 하지만 때로 자기 비하와 폄하로 삶을 단정 짓기도 한다. 듣는 이는 말이 두르는 방패 앞에서 물러서지 않고, 부정적인 말들이 가린 좌절과 상처를 볼 수 있어야 한다. 사실 그 아픔이 어떠했는지는 당사자만이 알 수 있다. 그 사람이 얼마나 아팠고 외로웠는지 타인은 짐작할 수 없다. 말들이 배반한 감정이 있다면 인터뷰 자리에서 만날 수 있게 인터뷰어는 단지 권할 뿐이다. 정작 삐뚤빼뚤한 말들을 거쳐 마음의 문을 여는 것은 말하는 이 자신이다.

듣는 이가 믿는 것은 사람들이 가지고 있는 삶을 향한 애착과 진심이다. 분노하고 절망하면서도 현실의 무게에 주저앉기보다는 존중받고 싶다는 마음이 누구에게나 있을 것이다. 더 나은 삶을 살 권리를 주장하고 싶은 욕구가 깊은 곳에 숨어 있을 것이다. 그리고 그것을 이루어 낼 힘이 있을 것이다. 들리는 말 속에 들리지 않는 말이 숨겨져 있다. 차가운 냉소 속에는 분출할 데 없이 뜨거운 말이 잠자고 있다. 듣는 이는 희망을 가지고 인터뷰이가 하지 않은 말을 듣는다.

한 간병인을 만나 이야기를 들었다. 열세 살에 가죽장갑 공장에 다녔고, 스물다섯 살에 딸 하나를 낳았

으나 남편을 잃었고, 30년 동안 옷 만드는 일을 했으며, 노점상 일을 하다 간병 일을 하게 되었다는 이였다. 그녀는 일주일 내내 휴식을 취할 수도 식사도 제대로 할 수도 없었다. 아파도 참아야 했다. 심지어 간병인끼리 일자리를 두고 치열하게 경쟁해야 했다. 돈을 지불하고 서비스를 산 것이라며 간병인을 함부로 대하는 환자도 있었다. 환자를 씻기면서 성희롱을 당하고 돌봐주면서 언어폭력에 시달리기도 했다. 혹독한 노동환경이었다. 그러나 일에 대해 어떻게 생각하는지 물었을 때 그녀는 뜻밖의 답을 했다.

"애잔한 마음 없이 남을 내 몸같이 못 보살펴요. 저 사람이 바로 내 삶이라고 여겨야 할 수 있는 일이에요. 환자를 보는 게 내 운명이었나 싶어요. 돌보는 일은 나한테는 나 자신이었던 것 같아요. 내가 힘든 인생을 살았잖아요. 내가 겪어 온 일의 어려움이, 돌보는 일을 해보니 힘든 인생이 거기에 다 있는 거 같았어요. 사람을 돌보는 일이 내 인생이 아니었나……"*

어떤 환자들은 '저 사람의 자리는 나와 다르다'며 간병인을 무례하게 대했는데, 그녀는 '저 환자가 바로

---

* 『기록되지 않은 노동』(여성노동자글쓰기모임 지음, 삶창, 2016), 143~155쪽 참조.

내 삶'이라고 여기며 일하고 있었다. 자신의 삶도, 다른 이들의 삶도 저버리지 않았다. 삶을 지탱하는 건 그런 힘이었다. 이야기를 듣다 보면 그렇게 빛나는 영혼의 눈도 마주할 수 있었다.

사회학자 조은은 『사당동 더하기 25』에 한 여성 가장을 중심으로 그녀의 4대 가족 이야기를 담아냈다. 한국 사회에서 재생산되고 있는 도시 빈민 가족을 연구한 이 책은 말한다. "빈곤 문화가 있는 것이 아니라 빈곤이 있을 뿐이며 가난을 설명하는 데 가난 그 자체만큼 설명력을 가진 변수는 없다. '가난의 구조적 조건'이 있을 뿐이다."*

여성들이 처한 구조적 조건이 말의 빈곤과 불명확함, 소통의 어려움을 가져온다. 억압 속에 살고 있는 여성들이 제대로 말할 수 없고 종종 물질적이든 심리적이든 빈곤에 시달리는 이유는 이들에게 자원이 분배되지 않는 구조적 조건 때문이다. 인터뷰는 그 구조적 조건에 주목해야 한다. 이들의 목소리가 어떤지 형태에만 치중하는 것이 아니라, 그런 목소리가 나오게 된 구조

* 『사당동 더하기 25』(조은 지음, 또하나의문화, 2012), 304쪽.

에 시선을 두어야 한다. 사람의 말은 한 사회의 조건 속에서 만들어지기 때문이다.

여성의 말을 들을 때는 그녀에게 허락되지 않았던 선택의 지점들, 그녀가 가고 싶었지만 갈 수 없었던 길에 대한 아쉬움, 공손한 표현 속에 숨어 있는 슬픔과 분노, 애매한 말투 속에서 서성이는 세상에 대한 불만을 함께 들어야 한다. 말들은 때로 위장되어 있고, 자기애에 빠져 있으며, 사회에 대한 무관심을 나타내고, 눈앞의 필요만 강조하지만, 사실 그 말들을 액면 그대로 받아들여서는 안 된다. 이야기의 틀을 만드는 것은 어디까지나 우리가 함께 서 있는 이 사회다. 묻는 이는 말을 통해 그녀의 영혼에 닻을 내리는 작업을 할 뿐 아니라, 그녀가 서 있는 자리를 보기 위해 한 걸음 물러나 사회의 전경을 살펴야 한다.

한 여성의 목소리를 기록하여 공식적으로 힘을 부여하면서 무엇을 바꾸어 내려는 것인가? "한 여성이 자신의 삶에 관한 진실을 말한다면 어떻게 될까? 세상은 터져 버릴 것이다." 뮤리엘 루카이저가 쓴 시의 구절이다.

한 여성이 삶을 있는 그대로 말하고자 할 때, 그 이야기는 동시대 여성들에게 부과된 성별 지배 이데올로기에 균열을 낸다. 무엇에 좌절하고 무엇을 꿈꾸었는지에 대한 한 여성의 진솔한 이야기는 사회에서 통념으로 여겨지는 여성상을 뒤흔들고 바꾸어 낼 수 있다. 여성이 원해야 하는 것과 해야 하는 것이 폭력적으로 제시되는 세상에서, 한 여성이 그 때문에 얼마나 힘겨웠는지 토로하는 것은 이데올로기의 잔인함과 현실의 진짜 삶들을 드러내는 출발점이 된다. 한 여성의 목소리는 언제나 모든 여성을 위한 목소리가 될 가능성을 갖고 있다.

눈물

말이 다하지 못하는 자리에서 눈물이 나온다. 말로 나오지 않은 느낌과 생각이 눈물로 흘러내린다. 눈물은 몸의 언어다. 그래서 눈물을 그대로 글로 옮길 수는 없다. 듣는 이는 눈물의 의미를 잘 이해해야 한다. 말하는 이가 왜 울었는지, 눈물에 공명하여 그의 몸이 어떻게 일렁였는지, 그 눈물이 무엇을 말하고 싶어 했는지 들여다보아야 한다. 사람의 눈물은 잘 드러나지 않는 감정과 진실을 담고 있어서, 듣는 이는 눈물 이면에 웅크린 의미를 읽어 낼 수 있어야 한다.

이야기 중에 예상치 못하게 눈물을 만날 때가 있다. 성매매 경험 여성을 지원하는 활동가와 인터뷰를 할 때였다. 지원을 하면서 무엇을 느꼈는지 묻자 활동가는 "사람이 귀해요"라고 짧게 대답했다. 다음 질문을 하려고 고개를 들었을 때, 나는 활동가가 눈물을 흘리는 모습을 보았다. 그 말 한마디에는 많은 것이 담겨 있었다.

활동가가 십여 년 동안 만나 온 여성들, 그들을 지원해 온 경험들. 퇴근해서 밥하고 청소하고 아이들을 챙기다가도 전화가 오면 경찰서로 뛰쳐나가던 순간들. "성매매 경험은 당사자가 그 현장을 떠나 돌이켜봤을 때 그 자체로 굉장한 상처가 되는 폭력적인 경험이에요." 그 활동가는 법적 제재를 교묘하게 피해 가는 업주들의 편법과 채무 문제가 성 착취 문제에 우선하는 현실을 지적했다. 지원할 수단이 많지 않은 상황에서 여성들의 인간적인 삶을 위해 고군분투해 온 그녀는 '사람이 귀하다'는 한마디 말에 그간의 어려움을 담아내며 눈물을 흘렸다.*

어떤 여성은 울지 않고 이야기했다. 엄마와 계부에게 학대를 받아 깁스를 하고 다녔지만 남들이 물으면 넘어졌다고 대답했다고 했다. "그때는 부끄러웠거든요. 내가 맞고 산다는 게. 남들은 다 엄청 사랑받고 사는 것 같은데 엄마 아빠한테 맞았다고 어떻게 말해요." 말하지 않는 대신 웃고 괜찮다고 하는 게 습관이 돼서 지금도 "그냥 안 드러내려고 하는 건지 진짜 안 슬픈 건지 모르겠어요"라고 했다.

* 『언니, 같이 가자!』, 35~55쪽 참조.

그녀는 몇 번이고 "부끄럽다"고 했다. 어릴 때 맞고 산 것도, 가난한 것도, 나이 들어 미혼모가 된 것도. 그녀는 웃었다. 울음 대신 웃음으로 버텼다. 그래서 그 웃음은 울음 같았다. 높은 소리로 깔깔깔 웃는 건 감정에 거리를 두지 않으면 살 수 없었기 때문이다. 울지 않고 말하는 그녀 앞에서 눈물을 흘릴 염치가 없어서 나도 억지로 눈물을 참았다. 그녀는 자기처럼 어려운 사람들에게 힘을 내라고 말해 주고 싶다며 이야기를 끝까지 해냈다.*

듣는 이는 말하는 이의 삶의 맥락을 모르고, 상대의 마음속에 있는 기억을 다 알 수 없다. 그 삶을 살아낸 당사자가 아니기 때문에 당사자가 느끼는 감정의 크기에 반응하기 어려울 때도 있다. 살아온 이야기를 하다 눈물을 쏟아 내는 사람 앞에서 왜 우는지 몰라 어쩔 줄 몰라 할 때도 있다. 그건 서로 다른 시간과 시대를 살았고 가치관이 다르기 때문에 생겨나는 차이일 수 있다. 그럼에도, 말하는 이가 기억 속에 깊이 숨겨져 있던 감정을 만나 울 수 있다는 건 그 시간이 가져다준 축복일지 모른다.

---

* 『똑똑똑 아기와 엄마는 잘 있나요?』, 39~63쪽 참조.

나는 사람들의 눈물을 만나면, 그가 다른 데서 보일 수 없었던 눈물을 이 자리에서 보인 거라고 이해한다. 얼마나 힘겹게 달려왔는지, 얼마나 진심이었는지, 얼마나 상처받았는지, 얼마나 이해를 원했는지 그 눈물은 말하고 있다. 스스로 최선을 다했다는 걸 깨닫고, 지금은 그런 자신을 위해 조금 울어도 될 때라는 걸 알고, 시선을 의식하지 않은 채 흘리는 눈물은 존엄했다. 눈물을 마주하고 있으면, 감춰진 얼굴이 무슨 말을 하고 싶어 하는지 들을 수 있을 것 같았다.

무라카미 하루키는 도쿄 지하철에서 일어난 사린 가스 살포 사건의 피해자들을 만난 뒤 『언더그라운드』라는 책을 냈다. 그때 그는 "침묵의 대답밖에 들을 수 없다 해도" 사린 가스 피해로 거의 거동하지 못하는 여성을 만나 보고 싶었다. 그리고 마침내 말을 제대로 할 수 없는 여성을 만나, 그 눈빛을 보고 몇 마디 단어를 듣고 손을 한번 잡아 본 후, 그 인상을 글로 써냈다.

"필시 그녀의 머릿속에서 뭔가가 밖으로 나오고 싶어 하고 있다. 그런 느낌이다. 중요한 무엇인가가, 그것을 표출할 수 있는 힘과 수단이 일시적으로 그녀 속에서 사라져 버린 것이다. 그렇지만 그 무엇인가는 벽으로 둘러싸인 그녀 속 어떤 장소에 아무 상처도 입지 않고 온전한 모습으로 존재하고 있다. 그녀는 누군가의 손을 잡고 '그것이 내 속에 있다'는 것을 조용히 전할 수 밖에 없다."*

하루키는 아직 감정이 살아 있는 눈빛 속에서 삶을 향한 의지를 읽어 내고, 오랫동안 꽉 쥔 손에서 인간적인 따뜻한 갈구를 느낀다.

눈물 앞에서 기록할 수 있는 것도 그와 비슷한 것이다. 자신에게 전해지는 느낌을 믿는 것, 상대의 마음속에 온전히 존재하는 의지와 갈망을 가늠하는 것, 상대의 시선으로 함께 보려는 노력을 멈추지 않는 것. 그래서 눈물에 대한 기록은 듣는 이가 자기 느낌을 그대로 드러내는 일이면서, 상대의 감정과 의지를 존중하는 일이다. 말 없는 순간을, 보이지 않는 것을 공감할 수 있는 마음을 믿고 글로 드러내는 작업이다.

여성의 눈물은 오랫동안 이해받지 못했고 폄하되어 왔다. 감정을 드러내거나 눈물을 흘리는 것은 남성에게는 금기시되었고, 비정상적이거나 약자의 제스처로 치부되었다. 진심을 의심하고 비난하는 말에 여성은 위축되고 때로 자신의 눈물조차 의심하게 된다. 자신의 감정에 이유가 있다는 말을 하고 싶어도 공론장에서 자

---

* 『언더그라운드』(무라카미 하루키 지음, 양억관 옮김, 문학동네, 2010), 215쪽.

신을 표현할 기회를 쉽게 얻지 못했다. 그래서 사회는 여성의 눈으로 보는 세상이 어떤 모습인지 학습할 기회를 잃었다.

스베틀라나 알렉시예비치의 『전쟁은 여자의 얼굴을 하지 않았다』는 여성의 감정의 역사를 담고 있다. 그녀는 사건 그 자체보다 사건 속의 감정이 더 흥미롭다고 말하면서 감정이야말로 현실이고 사건의 영혼이라고 단언한다. 이 책은 기존 역사 서술과 다르게 여성들이 감정적으로 기억하는 이야기들을 한데 모은 논픽션이다.

"여자들의 이야기는 전혀 다른 것이고, 또 여자들은 다른 것을 이야기한다. '여자'의 전쟁에는 여자만의 색깔과 냄새, 여자만의 해석과 여자만이 느끼는 공간이 있다. 그리고 여자만의 언어가 있다."*

아무도 자신들에게 어떤 일을 겪었는지 묻지 않았다고 이야기하면서 여성들은 울었다. 그러고는 눈물 속에서 감정과 합치된 진실, 자기를 소외시키지 않는 진짜 이야기를 찾아냈다. 눈물은 더는 속일 수 없는 진심

---

* 『전쟁은 여자의 얼굴을 하지 않았다』(스베틀라나 알렉시예비치 지음, 박은정 옮김, 문학동네, 2015), 17쪽.

을 응시하게 한다.

여성들이 남몰래 흘린 눈물, 진짜 느낀 감정들로 역사를 새로 쓴다면 우리는 얼마나 풍요로운 이야기를 물려받을 수 있을까. 인터뷰는 여성들의 삶의 이야기를 통해 그 역사를 새로 드러내는 일이다. 여성들이 자신의 감정을 인식하고 인정하기란 언제나 어려웠는데, 여성의 감정이 타인의 필요와 이해관계에 따라 정의되었기 때문이다. 그렇지만 여성은 자신이 흘리는 눈물이 진짜라는 것을, 자신이 겪은 일이 정말 있었던 일이라는 것을, 감정이 경험의 증거라는 것을 드러낸다. 목격하는 이는 그 눈물의 이야기를 함께 알린다. 눈물은 말하기 때문이다. 더 이상 이전과 같은 방식으로 숨길 수 없다는 것을, 이전처럼 침묵하며 사는 건 불가능하다는 것을.

눈물에는 개인적이면서도 사회적인 함의가 있다. 어떤 일을 슬프게 느껴야 하고 어떤 일에 기뻐해야 하는지 정해진 사회적 규범 안에서 눈물은 어긋나게 흐른다. 눈물은 규범에 종속될 수 없는 사람의 마음이, 배제된 이들의 감정이 건재하다는 것을 알려 준다. 눈물이라는 돌부리는 사회적인 말들이 세워 놓은 인습적이고 인위적인 정렬을 와르르 무너뜨리며 내면의 인간다운 힘을 발휘한다.

잘 알려진 영화 〈아이 캔 스피크〉(김현석 감독, 2017)에는 위안부 경험이 있는 옥분이 어머니 무덤 앞에서 우는 장면이 있다. 위안부였다는 사실을 평생 비밀로 하라는 어머니와의 약속을 어기겠다고 말하러 간 것이다. 자신이 폭력의 피해자라는 걸 세상에 알림으로써 권리를 지키겠다고 말하면서 그녀는 운다. "엄마, 왜 그랬어. 왜 그렇게 망신스러워하고……." 나는 그 장면이 낯설지 않았다. 여성들과 인터뷰를 하다 보면 유독 '무덤까지 가져갈 비밀' '한 번도 남에게 하지 않은 말'이라는 금기와 맞닥뜨린다.

여성이기에 더 차별받아야 했고, 선택의 여지가 좁았으며, 폭력 속에서 더 유린되었고, 고통스러운 기억의 짐을 혼자 짊어졌다는 점은 간과된다. 그건 여성이 겪은 트라우마의 원인이 사회에 있는 것이 아니라 당사자에게 있다고 손가락질하며 배제하는 데서 비롯한다. 영화 속 옥분이 어머니 무덤에 찾아가 우는 이유는, 자신이 겪은 일이 진짜 있었던 일이니 남들도 알아주면 좋겠다고, 그래서 힘을 되찾고 싶다고 갈망하기 때문이다. 그녀는 자기 말을 들어 줄 사람들을 부르기 시작한 것이다. 어머니의 무덤은 자신의 얘기를 들어 주는 최초의 상대다.

눈물의 요구는 그것이다. 인터뷰는 세상에 그녀의

말을 등장시킨다. 말하는 이는 한 명에게 이야기를 들려주지만 글은 많은 독자를 만나며, 그 말을 공공의 장에 유통시킨다. 눈물이 세상과 연결점을 찾고 사회가 그것을 인정하고 지지할 때 그녀는 비로소 부끄러움에서 해방된다.

주디스 허먼 교수는 『트라우마』에서 생존자들이 치유될 수 있는 조건으로 경험한 것에 대해 다른 사람들과 이야기 나누는 것을 꼽았다.

"생존자는 이들에게서 공정함과 연민을, 그리고 극단의 상황에서 사람에게 어떤 일이 일어나는가에 관한 가책의 앎을 기꺼이 공유하고자 하는 의지를 찾으려고 한다. 마지막으로, 생존자는 상실감을 애도하기 위하여 다른 사람의 도움을 필요로 한다. 외상 사건을 해결하는 데 애도와 재구성이 필요하다는 점은 모든 고전 문헌에서 궁극적으로 확인할 수 있다."*

고통이 몸을 잠식하고 파괴하는 것은 고통에 이름이 붙여지지 않고 그 경험을 인정받지 못할 때다. 경험을 들어 주는 사람이 없고 비난이 가해지면 사회적인 애도와 재구성은 이루어지지 않는다.

---

* 『트라우마』(주디스 허먼 지음, 최현정 옮김, 플래닛, 2007), 127쪽.

눈물을 흘리는 사람에게는 다른 사람이 반드시 필요하다. 눈물의 소리 없는 말을 적극적으로 듣고 눈물의 외침을 같이 외쳐 주는 곁의 사람들이 필요하다. 듣는 이는 눈물에 담긴 간절한 욕구와 요구를 기록해야 한다.

인터뷰를 하면서 눈물은 거짓말을 하지 않는다는 것을 알게 되었다. 그 사람의 눈을 마주 보면서 이야기하다 두 눈이 눈물로 젖어 드는 순간 나는 더 집중하며 그 말을 듣는다. 그때 나온 말이나 이어지는 침묵에는 깊은 뜻이 담겨 있다. 그가 아무렇지 않게 넘기려 해도 눈물은 진심을 보아 달라고 재촉한다.

한 나이 든 여성은 내내 웃으며 밝은 목소리로 말했다. 그런데 잠시 쉬는 시간에 잡담을 나누다가, 갑자기 가난했던 지난 시절을 이야기하며 어깨를 웅크리고 속울음을 토해 내었다.

"안 잊어버리는 게 있는데 옛날에 엄마가 장바구니를 들고 외상으로 쌀을 얻으러 쌀가게에 갔어. 우리 집에서 골목을 돌아가야 쌀가게가 있는데, 쌀가게에서 외상을 잘 안 줄라 한다더라고. 눈물 난다…… 그래 엄마가, 진짜 쌀 얻어 올 수 있을까, 쌀가게에 가면 정말 쌀을 받아 올 수 있을까 졸이는 마음으로 창밖을 내다봤어. 엄마가 바구니를 끼고 골목 모퉁이를 돌아 나오는데 왜 그리 마음이 안됐는지. 너무너무…… 못 얻어 온 거야. 난 그게 절대 안 잊혀…… 엄마는 그 수치심이 어땠겠니? 아, 그 수치심…… 나는 그게 죽을 때까지 안 잊힐 것 같아. 그니까 엄마는 참 불쌍했어. 우리 엄마뿐 아니고 다른 엄마들도 얼마나 고생했을까. 얼마나 부끄러웠겠니? 쌀을 못 얻고 되돌아섰을 때 그 마음이 어땠겠어. 아…… 뭐 사람마다 뻐저린 거 많을 거야. 없는 사람 없지. 이런 얘기는 내가 잘 안 한다고. 쉽게 드러내지 않아. 그런다고 사람들이 보태 주는 것도 없고. 말할 필요가 없지."

외상으로 쌀을 사러 가게에 갔다가 빈손으로 돌아오는 어머니를 창밖으로 보며 느꼈던 슬픔과 분노를 말하며 그녀는 떨면서 울었다. 어머니는 세상을 떠났지만, 맏딸로 살아오면서 그 상처는 평생 가슴에 꽁꽁 감추어져 있었다. 그녀의 마음속에는 의지할 곳 없이 골목에서 빈 바구니를 든 채 서 있는 엄마와, 그 모습을 발을 구르며 바라보는 어린 자신이 박혀 있었다. 그녀의 웃음은 타인을 불신하고 단념한 철옹성 같은 마음에서 비롯했다. 그녀는 이제 울면서, 자식들을 배불리 먹이기에는 너무나 가난했던 어머니를 다시 지켜보고 있었다. 창밖으로 성큼 걸음을 내딛고 있었다.

말하는 이가 울지 않겠다고 다짐했다면서도 갑자

기 눈물을 흘리는 순간이 있다. 그때 인터뷰는 그의 영혼에 다가간 것이다. 그는 알게 될 것이다. 그 다짐이 스스로에게 얼마나 가혹한 것이었는지, 자신이 얼마나 울고 싶었는지. 감정을 외면하고 사는 게 강한 게 아니다. 자신이 외면한 감정에 이름을 붙이고, 그 감정이 깃든 경험을 하나하나 호명해 줄 때 자신에게 일어난 일이 어떤 일이었는지 이해할 수 있다. 감정을 통해 새롭게 마주하게 된 생생한 현실을 타인에게 전할 수 있다. '감정에 사로잡힌' 여자들의 이야기가 눈물의 렌즈를 통해 이때까지 알려지지 않은 세상의 진실을 보여 줄 것이다. 여자의 얼굴을 한 다른 역사를 다음 세대에게 물려줄 수 있을 것이다.

가끔, 녹취를 정리하다가 울 때가 있다. 인터뷰 자리에서 울지 않았고, 상대도 울지 않았는데, 빈방에서 컴퓨터 모니터를 들여다보다 돌연 울음에 사로잡힐 때가 있다. 왜 우는지 나도 모른다. "난 아무 말도 못 했어요." "최선을 다했는데 왜 나를 그렇게 대했을까요?" "사실 그렇게 살고 싶지 않았어요." "난 현실을 아니까 꿈이 없어요." 그녀들이 담담히 해 나간 이야기들의 의미를 확연히 깨달으면서 그 삶의 무게가 그제야 성큼 다가온 것이다.

인터뷰 자리에서는 마음이 바빠 미처 느끼지 못한 그녀 삶의 고단함이 비로소 다가올 때, 소리 내어 크게 울게 된다. 그럴 때 나는 울음을 그치고 싶지 않다. 내 울음이 아무도 보아 주지 않은 그녀의 세월 앞에 바치는 통곡이라고 여겼다. 아무도 들어 주지 않은 그녀의 이야기를 위해 나는 오래오래 울어 주고 싶었다. 때로 눈물은 그렇게 나를 부끄럽게 하면서 뒤늦은 예의를 차리게 한다. 울지도 못하고 한 말들이, 그 말들이 자아내는 울음이 우리를 그렇게 만든다.

침묵

그리고 그 순간이 온다.

그녀가 말을 멈추고 나를 바라보는 순간이. 또는 눈길을 피하거나 생각에 잠겨 먼 곳으로 떠난 듯한 순간이. 하지만 그녀는 이 자리에 있다. 그녀 의식 속에 나라는 타인이 그 어느 때보다 강하게 존재하고 있다. 나는 끊어진 말이 이어지기를 기다리는 그녀의 유일한 상대다. 주위 배경이 한 걸음 물러나며 서로가 서로에게 전부인 순간이 마침내 우리에게 왔다.

눈물이 그런 것처럼, 침묵 또한 언제 찾아들지 미리 알 수 없다. 불쑥 끼어드는 듯한 침묵에 듣는 이는 당황할 수 있다. 내가 한 질문이 상대가 잊고 있던, 숨기고 싶은 사실을 상기시킨 것일 수 있다. 또는 자신의 이야기를 들을 만한 사람인지 묻는 이를 남몰래 저울질하는 중일 수도 있다. 그보다는 마음에 가득 찬 감정에 뭐라고 이름 붙여야 할지 몰라 망설이는 건지도 모른다. 언제 침묵이 오는지 알 수 없는 것처럼 침묵이 오는 이유 또한 정확히 알 수 없다.

단지 기꺼이 침묵에 귀 기울일 뿐이다. 이때는 말소리보다는 소리 없는 것들을 눈여겨봐야 한다. 눈빛의 변화, 손의 떨림, 보일락 말락 한 눈물, 몸의 미세한 흔들림. 묻는 이는 그 침묵의 언저리에 머물기 위해 가만해야 한다. 침묵은 갑자기 맞닥뜨린 길모퉁이 같다. 이 길목을 돌아가면 어떤 풍경이 펼쳐질지 알 수 없다. 막다른 벽과 마주칠지도 모르지만 분명한 건 이 모퉁이를 거치지 않고는 내면의 새로운 풍경을 만날 수 없다는 사실이다.

인터뷰를 다룬 책들은 한결같이 침묵의 중요성을 언급한다.

"인터뷰를 할 때 상대가 좀 더 할 이야기가 있는 것 같은데도 위험을 무릅쓰고 그것을 말할 것인지 말 것인지 망설이는 묘한 순간이 있다. (……) 이후에 침묵이 흐르는 것을 두려워하지 말아야 한다. 침묵을 기다리는 것은 더 깊숙한 이야기를 꺼내라는, 인터뷰 진행자가 보내는 가장 강력한 격려이다."*

"면담자가 말을 적게 할수록 더 좋은 인터뷰라는

---

* 『다큐멘터리』, 239쪽.

것을 명심해야 한다. 인터뷰가 도중에 중단이 되어 면담자와 구술자가 모두 침묵하게 되는 경우도 있다. 이럴 때도 면담자가 부자연스러운 상황을 빨리 모면하기 위해서 말을 시작하지 말고, 구술자가 그 침묵을 채우게 해야 한다."*

나는 처음 인터뷰를 시작할 때, 다큐멘터리 연출자에게서 답변과 다음 질문 사이에 간격을 둘 것과 단답형으로 질문하라는 조언을 들었다. 충분히 말할 수 있게 시간을 주라는 요구에는 침묵의 공간을 열어 주라는 뜻도 담겨 있었다.

침묵에는 여러 종류가 있다. 단순히 말이 끊겨 생긴 침묵도 있지만, 때로 많은 말을 방패처럼 두른 침묵도 있다. 말이 겉도는 것 같고 어쩐지 상대가 아무 말도 하지 않고 있다는 생각이 들 때도 있다. 말 없는 침묵을 기다리는 것과 마찬가지로 말이 빼곡히 둘러싸고 있는 침묵도 기다려야 한다. 감정과 일치되는 말, 자신만이 낼 수 있는 목소리로 하는 말을 기다려야 한다.

한 여성은 끊임없이 말했다. 자신은 행복하고 부족할 것 없는 주부라는 이야기를 한참 하더니, 식구와의

---

* 『새로운 역사 쓰기를 위한 구술사 연구방법론』(윤택림 · 함한희 지음, 아르케, 2006), 88쪽.

관계를 묻는 질문에 갑자기 침묵했다. 그러더니 잠시 뒤 돌변한 어조로 새로운 이야기를 시작했다. 자신은 친족 성폭력 피해자이고 자신을 지켜 주지 못한 어른들을 향한 분노와 사랑받을 자격이 없다는 불안감으로 인해 우울하다고. 아무도 모르게 아파해 온 자신이 무엇을 하면 좋겠느냐고. 그 사실을 밝히면 모든 것이 무너질까 봐, 사랑하는 사람들을 잃을까 봐 겁이 난다고.

"그 사람은 내가 소리를 지르면 동생한테 똑같이 하겠다고 했어요. 옆에 동생이 자고 있었거든요. 나는 그 얘기를 누구에게도 한 적이 없어요. 엄마는 나를 지켜 주지 못했어요. 내가 그렇게 아파하고 방황했는데, 엄마는 나랑 싸우면서도 내가 무엇 때문에 힘들어하는지 전혀 눈치채지 못했어요. 이제 와서 내가 그 말을 하면 어떻게 될까요?"

그녀는 거부당할까 봐 침묵하고 있을 뿐이었다. 그 일은 기억에서 사라지지 않았다.

말할 수 없었던 사정을 이해하는 것도 듣는 이의 몫이다. 듣는 이는 여성이 자기 이야기를 할 때 준거의 틀로 삼는 문화적 각본을 알아야 한다. 여성은 집과 일터, 지역, 사회에서 학습한 가부장적 언어로 자신을 설명한다. 그러나 그 말들로는 그들의 경험을 온전히 표현할 수 없다.

학자들은 이를 이렇게 설명한다. "여성의 개인적인 경험 이야기는 가부장제 사회에서 일상적인 삶과 생애 과정에서 주어진 젠더 지위와 역할을 어떻게 인식하고 또한 가부장제적 억압의 역사를 거스르며 투쟁해 왔는지에 대한 젠더 경험의 진술이며 증언이라 할 수 있다."*

침묵이 '젠더 지위와 역할'에 대한 억압 때문에 생겨난다면 침묵을 깨고 말하는 것은 그 억압에 맞서 싸우는 것이다. 듣는 이는 그 싸움을 지지해야 한다. 기존의 말들이 그녀의 삶을 부당하게 설명한다면 철저히 그녀를 옹호해야 한다. 그녀가 자신을 지키기 위해 싸웠으며 자기 힘으로 살아남아 이 자리에 있다는 것을 증언해 주어야 한다. 침묵 밑에서 말들은 기를 쓰고 나오려 하고 있다.

듣는 이는 위악에 차 있거나 그저 주어진 운명으로 돌리는 체념의 말들이 감춘 진짜 감정을 이해해야 한다. 존중받지 못해 위축된 마음이 침묵에 갇혀 무슨 말을 하고 싶어 하는지 파악해야 한다. 말하는 이가 느낀 불공평한 현실과 아픔이 다른 삶을 살아가는 이들이 공

---

* 「여성주의 구술사의 방법론적 성찰」(〈한국문화인류학〉, 김성례, 35-2, 2002), 32쪽.

감할 수 있는 언어로 나오기는 쉽지 않다. 공감은 우리가 동떨어진 개인이 아니라 공통의 환경에 속한 사람이라는 인식에서 나오기 때문이다.

인터뷰를 할 때, '나라면 어떻게 했을까? 저렇게 용감하게 살아 낼 수 있었을까? 진실을 잃어버리지 않으려고 애쓸 수 있었을까?' 되묻곤 한다. 그러면서 그녀가 침묵의 울타리를 훌쩍 뛰어넘기를 고대한다. 상대의 말을 완전히 알아들을 수 없고, 그 경험을 온전히 이해하는 것이 불가능하다고 해도 말이다. 말이 삶을 앞서지 않는다는 걸 알면서도 말로 그 삶을 전해 달라고 채근하는 나 자신을 책망하기도 한다. 기다리며 속으로 묻는다. 이 침묵 끝에 어떤 이야기가 나올까? 과연 이 침묵이 새로운 말을 낳을 것인가? 무거운 침묵이 인터뷰마저 끝내 버릴지 모른다는 두려움이 있지만, 그래도 나는 말이 끊긴 자리를 반긴다.

침묵은 마주 앉은 두 사람 모두에게 씩씩한 역할을 요구한다. 듣는 이는 말하는 이에게 신뢰감과 안전하다는 느낌을 주어야 한다. 내가 눈빛과 목소리와 태도를 다른 때보다 부드럽게 하려고 애쓰는 것도 침묵을 만날 때다. 듣는 이는 말하는 이가 말의 길을 계속 헤쳐나갈 수 있게 자신을 도구로 내놓아야 한다. 말하는 이는 가슴속 깊이 숨어 있던 말의 싹을 혀끝으로 밀어 올려 입 밖으로 틔워 보려 노력하고 있다. 냉대받기 일쑤였던 여성일수록 침묵 앞에서 자신을 설명하기 위해 더 큰 용기를 내야 한다.

리베카 솔닛은 『여자들은 자꾸 같은 질문을 받는다』에서 지적한다. 침묵은 죽음이며, 말해지지 않고 말할 수 없는 것, 억압되고 지워지고, 들리지 않는 것으로 이루어진 바다라고. "우리 여자들이 우리의 경험을 우리의 진실로, 인간의 진실로 내놓으면 모든 지도가 바뀐다"는 어슐러 K. 르귄의 말을 인용하며 솔닛은 단언한다. "인간다움에서 목소리가 중요한 특징이라면, 목소리 없는 자가 되는 것은 인간다움을 상실하거나 자신의 인간다움으로부터 차단되는 것이다. 침묵의 역사는 여성의 역사에서 핵심적인 문제다"라고.*

여자들은 말을 하다가 종종 침묵했다. 가늘게 눈을 뜨고 혼자만의 상념에 빠지거나 신음 같은 소리를 내기도 했다. 남편이 가정 폭력을 저질렀고, 자신이 죽고 싶었다는 말을 소리로만 표현하는 사람도 있었다. 손을 휘휘 내두르며 "쉬익" "사악" 하는 소리만 냈다. 폭력이 일상이 된 자리에서, 문을 열고 들어온 이에게 무

* 『여자들은 자꾸 같은 질문을 받는다』(리베카 솔닛 지음, 김명남 옮김, 창비, 2017), 35쪽 참조.

언가를 전달하고 싶었지만 말이 또렷한 소리로 나오지 않았다. 나는 그것이 폭력을 함축적으로 드러낸 소리라는 걸 알았다. 그녀들이 침묵 속에서 말할 수 없는 것이 무엇인지 이해하기 위해 책과 논문들을 찾아 읽기도 했다. 때로는 질문하기 위해서가 아니라 질문하지 않기 위해 준비했다. 그래야 침묵 안에 들어 있는 기나긴 이야기를 추측할 수 있었다.

인쇄된 글에서 말하는 이들의 실제 모습은 누락된다. 한마디를 꺼내기 위해 애쓰던 머뭇거림과 떨림은 문장에 다 담기지 못한다. 내가 쓴 문장을 보면서 나는 문장 너머에서 그 말마디를 꺼내기 위해 안간힘을 다하던 인터뷰이의 모습을 떠올린다. 종종 침묵 후에 나온 목소리를 독자들에게 그대로 들려주고 싶었다. 침묵 다음에 나온 말들은 그것이 울음이건 웃음이건 늘 빛났다. 침묵에서 나온 말은 개인의 말이지만, 다른 여성들에게 자신의 경험을 표현할 용기를 주는 성찰을 담고 있을 때가 많았다.

반면 말이 되지 못하는 침묵은 몸의 통증으로 남는다. 한 노인은 자꾸만 괜찮다고 했다. 남편에게 배신을 당했어도, 일터에서 부당한 대접을 받았어도 괜찮다 했다. 나이 들고 건강이 무너졌어도, 자식들에게 존중을 받지 못해도 괜찮다고만 했다. 그녀가 보여 준 수첩에는 날마다 웃어야 한다는 글귀가 빼곡히 적혀 있었다. 그런데 문득 이런 말을 한다.

"힘든 거, 슬픈 거, 감정은 나에게 다 사치다, 살기 위해 버려야 한다, 그렇게 생각했어. 일하다 오십견이 왔는데 아픈 것도 나는 사치라고 생각했어. 병원도 안 가고 자석 목걸이를 하고 팔을 위로 올리고 자고 옆으로 해서 자고. 그런데 자다가 심장이 두근거리거나 갑자기 눈이 번쩍 떠져. 난 괜찮은데 내 몸과 정신은 안 그런가 봐. 그러면 이게 아니구나, 내 몸은 아니라고 하는구나 하는 걸 알게 되지."*

말하지 못한 감정과 경험은 그렇게 몸 구석구석으로 퍼져 간다. 말이 사라지면 몸이 아프다.

가슴 아린 얘기는 하지 말자고, 당신이 뭘 해 줄 수 있느냐고, 성공한 얘기나 찾아다닐 것이지 뭐 하러 구질구질하게 못난 얘기를 꺼내라 하느냐고 따지듯 물어오는 이들을 간혹 만난다. 그러면 나도 속으로 말이 무엇을 할 수 있는지, 말을 하는 것이 정말 이들에게 더 나은 일인지 되묻는다.

세상에 주어진 말로는 한 사람의 삶을 다 설명할

---

* 『여성, 목소리들』(안미선 지음, 오월의봄, 2014), 215쪽.

수 없어 침묵이 생겨나는 것이다. 그러니 침묵의 순간은 여전히 소중하다. 여성으로서 산 진짜 경험과 여성답게 살라는 이데올로기가 충돌하기 때문에 현실의 여성은 더 말을 잇지 못하고 머뭇거리는 것이다. 성 역할을 다하는 것으로는 허기가 채워지지 않기에, 스스로 삶의 의미를 묻는 것이다. 자기 목소리를 내고 싶은 갈망 때문에 말을 멈추는 것이다.

그래서 관습과 제도 속에서 살아내느라 지친 얼굴을 한 여성들은 침묵 속에서 질문을 던진다. 정말 행복했는지, 정말 무탈했는지, 정말 괜찮았는지. 침묵은, 그녀가 "아니요"라고 말해도 되는지 가늠하는 자리다. 그녀는 '여자'라고 이름 붙여진 자리를 박차고 나가 자신의 본래 목소리와 얼굴을 탈환해 온다. 자기 경험과 역사를 말하며 젠더 이데올로기에 균열을 낸다.

수잔 브라이슨은 성폭력을 당한 후, 자신을 어떻게 다시 일으켜 세울 수 있었는지 경험담을 책으로 썼다. "비합리적인 말처럼 들릴 수도 있겠지만, 나는 다시 고칠 수 없는 손상과 같은 것이 있는 것과 마찬가지로 다시 망칠 수 없는 복구와 같은 것도 있을 것이라고 믿고 싶다. 절망이 영원한 것처럼 느껴지는 것과 마찬가지로 희망 또한 영원하다고 느낄 수도 있다."*

기존의 문법과 다른 이야기하기, 젠더 고정관념에 따른 이야기 틀에서 벗어나 자신만의 진짜 느낌을 표현하기. 긍정적인 감정만 규범적으로 허락된 곳에서 부정적인 감정 드러내기. 순응의 이면에 놓인 괴로움 표현하기. 끝내 타협하지 않은 것들, 소중히 여긴 것들, 지켜 낸 것들 드러내기. 그때 숨은 목소리를 밝혀내는 기록은 그 가치를 획득한다.

그래서 나는 매끄러운 말들이 길을 잃는 순간, 서슴없는 서사가 찢기는 순간, 갑자기 우리를 불안에 몰아넣는 그 침묵을 기다린다. 그녀가 성큼성큼 기억의 계단으로 내려가 말할 수 있기를, 그녀만이 알고 있는 진심의 자리에 초대받기를 바란다. 편견 때문이든 불신 때문이든, 침묵의 자리에 다른 이를 들여놓을 때 여성들은 망설인다. 낯선 이 앞에서 침묵의 문을 연다는 것은 그 자체로 굉장한 신뢰와 호의를 의미하며, 소통하고 싶다는 욕구의 표현이다.

할 수 있는 말과 할 수 없는 말 사이에는 깊은 간극이 있다. 여성에게 허용된 말과 허용되지 않은 말은 단층처럼 어긋나 있다. 자신의 처지를 편들어 주는 말을

---

* 『이야기해 그리고 다시 살아나』(수잔 브라이슨 지음, 여성주의 번역모임 '고픈' 옮김, 인향, 2003), 252쪽.

듣지 못했는데 자신의 경험에 충실하기 위해 자신을 편드는 말을 한다는 것은 여성의 입장에서는 말을 발명하는 것이나 마찬가지다. 말을 고르고 망설이는 순간, 어떤 말을 하고 어떤 말은 삼킬지 판단하는 순간, 어떻게 말해야 하는지, 자신이 이렇게 말해도 되는지 알 수 없어 흔들리는 순간, 오롯이 혼자 힘으로 말을 끌어내야 하는 순간.

그때 나는 그녀를 말없이 지켜본다. 내가 그녀와 다를 바 없이 부족하고 고통받는 한 여성이라는 것은 그녀가 말할 자리를 남기기 위해 꺼내지 않는다. 그녀의 어떤 말이 가슴속으로 나를 울게 했고 웃게 했는지도 드러내지 않는다. 나의 섣부른 말과 행동이 소중한 침묵을 그르칠까 봐. 알 수 없는 그녀의 삶과 침묵 앞에서 나를 비우고 온전히 말을 맞을 준비를 한다. 새로운 이야기를 기다린다. 할 말이 없어서 침묵하는 여성은 없다. 한 번도 해 보지 못한 말이라, 들어 주는 사람이 없었던 말이라 꺼내지 못할 뿐이다. 그렇게 말해도 된다는 것을 누구도 알려 주지 않았고, 외롭게 품고 있던 오래된 말들이라 침묵하고 있을 뿐이다.

모든 침묵에는 마땅히 해야 할 말이 웅크리고 있다. 어떤 말은 침묵 밖으로 새로 태어나고 어떤 말은 그 침묵 안에서 숨죽인다. 그러나 숨죽인 말들도 옅은 숨

결을 내뿜는다. 이야기가 되려는 것들은 죽지 않고 그렇게 숨을 내쉰다. 우리가 만나 그 사이에서 무언가 살아서 꿈틀거렸다면, 말이 되었든 되지 않았든 어떤 소리를 공유했다면, 확고한 말들이 우리 앞에서 흔들렸다면, 침묵 앞에서 우리는 주어진 일을 해낸 것이다.

어긋남

가끔 인터뷰 자리가 곤혹스럽다. 사전 조사한 내용과 맞지 않을 때, 이야기를 듣다가 내 기억에서 어떤 장면이 떠올라 상처로 다가올 때 그렇다. 어떤 때는 상대가 지레 나를 걱정해서 솔직하게 다 말해 주지 않기도 한다. 말해도 알 수 없을 거라며 갑자기 선을 그을 때도 있다. 나와 전혀 다른 말투를 쓰거나 나로서는 상상할 수 없는 공간과 시간을 거쳐 온 이를 만날 때도 있다. 그럴 때마다 그와 나 사이에 있는 거리에 대해 생각하게 된다.

한 센터에서 십대 여성을 만났을 때, 나는 그녀가 잘 대답하기 위해 애쓴다는 걸 알게 되었다. 나는 나이가 더 많았고, 학력이 높았으며, 담당자로부터 '작가'로 소개되었다. 지금 떠오르는 즐거웠던 순간 몇 가지를 말해 달라고 하자 그녀는 손가락을 하나하나 꼽으며 머리를 쥐어짰다. "노는 것밖에 할 줄 아는 게 없나 봐요." 손가락을 바라보며 그녀가 절망감 어린 목소리로 말했다. 나는 당황했다. 개념화해서 말하는 것, 사례를 간추려 논리적으로 설명하는 것, 인과관계와 시간의 선후를 따져 말하는 것은 교육의 산물이다.

가지고 간 질문지를 제쳐 두고 그녀가 좀 더 말하고 싶어 하는 것, 감정적으로 집중하는 것에 초점을 맞춰 개방적으로 진행했다. 그러자 그녀가 갑자기 활달하게 감정을 표현했다. 자신과 관계를 맺었던 사람들에 관한 이야기였다. 억양이 강해지고, "그 새끼" 같은 욕설이 튀어나왔으며, 자신을 버린 사람들을 향한 분노가 쏟아졌다. 자신을 지켜 준 사람에 대해서는 애정을 드러내면서 눈물지었다.

그녀는 두 가지 언어를 쓰고 있었다. 공식적인 답변과 비공식적인 답변들이 상충하며 다른 이야기를 하고 있었다. 말에서 의미를 찾으려는 나조차도 고통과 분노와 강렬한 사랑이 담긴 말의 파편으로는 이야기의 갈피를 잡을 수 없었다. 내가 직접 겪지 않은 세계라서 그 경험을 짐작하지 못한다는 사실을 인정할 수밖에 없었다. 방에서 들리는 소리에 신경을 쓰던 담당자는 나중에 "아직 어려서 할 말과 하지 말아야 할 말을 가리지 못한다"고 내게 말했다. 나는 그 자리에서 그 '하지 말아야 할 말'을 들려주어서 조금은 더 가까이 느낄 수 있었다고 대꾸하진 못했다.

깍듯한 말과 격앙된 어조의 반말을 모두 쓸 수 있는 건, 분리된 세상을 간파한 그녀의 자원일지도 몰랐다. 하지만 그녀는 두 세계를 넘나들며 외로웠을 것이다.

집을 잃은 철거민 여성을 만났을 때도 비슷한 것을 느꼈다. 용역 깡패에게 폭력을 당한 일을 얘기하던 참이었다. 그녀가 문득 내 얼굴을 물끄러미 바라보았다. "그 사람들이 했던 말은 입에 담아 전해 주기가 미안할 정도예요." 그녀 눈에 나는 아직 어렸고, 세상을 모르는 풋내기였다. 무허가 집을 되찾기 위해 악다구니를 벌이는 싸움의 현장과는 한참 동떨어진 사람으로 비쳤을 것이다. 다른 철거민 여성은 얘기를 하다가 "모르는군요" 하고는 입을 다물더니 잠시 후 말을 이었다. "모르고 살면 좋죠. 모르고 살 수 있다면. 안 그래요?" 그 눈빛은, 차마 말로 보여 줄 수 없는 세상을 서글퍼하면서 나의 세상을 그대로 지켜 주고 싶은 바람을 담고 있었다. 나는 이유 없이 부끄러웠다. 그녀가 나를 위해, 어쩌면 자신을 위해 쳐 놓은 울타리 앞에서 멈칫했다.

한 영화감독이 지나가는 말로 "우리가 만날 수 있는 사람은 한정되어 있어. 우리는 우리와 비슷한 사람을 만나지"라고 했는데, 그 말이 오래 기억에 남았다. 그 말은 예술가들조차 자신이 속한 계층과 성향이 유사한 사람들을 만나는 것을 더 선호하기에 그러한 한계가 예술 작품에 포함될 수밖에 없다는 의미였다.

이탈리아의 유명한 구술사 연구자 알렉산드로 포르텔리 교수는 자신이 만난 흑인 여성의 말을 들려주었다. 그녀는 자신의 할머니가 노예의 딸이었고 부모님이 자신에게 늘 당부한 이야기가 있다면서 그에게 대놓고 말했다. “당신이 내게 아무 짓도 하진 않았지만 당신은 백인이니까, 나는 당신을 믿을 수 없어요.” 할머니의 가르침은 그녀의 마음속에 깊이 새겨져 있었다. 할머니는 종종 일렀다. “다른 사람들이 아무리 점잖게 굴고 친절하게 말해도 그들한테 너는 그저 흑인일 뿐이야. 거기에는 항상 선이 그어져 있어. 너는 우리 쪽에 서 있고 그들은 저쪽에 서 있어야 해.” 그 보이지 않는 선을 그녀는 뚜렷이 의식하며 살았다.*

인터뷰를 할 때는 이런 보이지 않는 선이 가운데에 놓여 있다. 아무리 한자리에서 이야기한다 해도 다른 환경에서 살아온 차이는 두 사람 사이에 뚜렷한 선을 긋는다. 그 선은 인터뷰어에게 심리적 거부감으로 나타날 수도 있고, 다른 계층이 쓰는 말을 이해하지 못하는 데에서 나타날 수도 있다. 자신의 해석에 사로잡혀 뜻을

---

* 대한민국역사박물관 해외 저명 학자 특강, ‘2천 개의 목소리가 나오려고 아우성을 친다’ 2019년 5월 31일.

곡해하는 데서도 나타날 수 있다. 그런 거부감과 몰이해는 순간적으로 바로 전달되어 상대의 말문을 닫는다.

처음 인터뷰를 할 때 나는 여성이라는 이유로 우리가 같다고 생각했고, 다른 여성의 삶을 내가 잘 이해할 수 있을 거라고 여겼다. 그러나 인터뷰를 마치고 돌아올 때마다 느끼는 건 그와 나의 차이를 분명하게 의식해야 제대로 쓸 수 있다는 점이다. 같은 사람은 아무도 없다. 자신의 소수자성을 인식한다고 해서 다른 소수자들을 모두 이해할 수 있는 건 아니다. 어떤 때는 이해할 수 없다는 무력감과 내 감정을 드러내지 못한 채 상대의 말을 듣고만 있어야 한다는 불편함에 마음이 부대낀다. 때로 그런 상황은 분노를 낳고 그럼에도 해내야 한다는 강박은 악몽으로 나타난다.

한번은 한 남성을 인터뷰했는데, 그는 대뜸 자신이 베트남 전쟁에 참전했으며 살상으로 무공을 세웠다는 이야기를 꺼냈다. 학력이 낮고 가난하여 주눅 들고 소외된 그에게 전쟁은 정상적인 남성성을 획득할 수 있는 기회였다. 그는 죽임에 대한 성찰이 없었다. 그는 자신이 정상적인 사람이라는 걸 보이기 위해 때로 폭력성에 동조하고 차별에 가담했다. 그 이야기는 인터뷰 주제와 관련은 없었지만 그를 이해하는 데 중요한 사례였다.

반대로 자신이 비정상적이라는 걸 드러내고자 위

악적으로 구는 경우도 있었다. 한 여성을 인터뷰하면서 나는 그녀가 우울을 공격적으로 드러내는 성향이라는 걸 알았다. 주위 사람들을 위협하고 때리기도 했다는 이야기를 듣다가 그 이야기가 왜 나를 이토록 안절부절못하게 하는지 깨달았다. 그녀의 행동이 내가 겪은 적 있는 가까운 이의 행동과 유사했기 때문이었다. 해결되지 않은 감정이 남아 있는데 비슷한 이야기를 들으니 갑자기 분노가 치밀었다. 왜 이런 이야기를 참고 들어야 하는지 알 수 없었다. 그 자리를 박차고 나가고 싶었다.

나중에 친구를 만나 하소연했다. 내가 왜 인터뷰를 해야 하냐고, 왜 남들을 이해해야 하냐고, 그만하고 싶다고 말하며 울었다. "그만해도 돼." 친구의 말이 내 마음을 가라앉혔다. 돌아오면서 생각했다. '그 여성은 내가 알던 사람과 다른 사람이다. 이건 다른 일이다. 나는 다른 사람을 만나고 있다.'

나도 한 사람으로서 기억과 감정이 있다. 싫어하는 사람과 좋아하는 사람이 있다. 남을 오해하고 미워하기도 한다. 하지만 내 감정을 겹치지 않아야 이 일을 계속할 수 있었다. 감정을 방치해서도 안 되지만, 타인을 내 감정에 끌어들여도 안 된다. 다른 삶을 이해할 때 내 시각으로만 바라보면 때로 인터뷰이의 이야기가 내 감정의 질곡으로 휘말려 들어간다.

다큐멘터리 〈그리고 싶은 것〉(권효 감독, 2012)에서 그림책 작가는 자신이 아동 성폭력 피해자임을 밝힌다. 그는 자신이 '위안부 할머니들'의 이야기를 잘 표현할 수 있다고 여겼다. 작가는 '할머니들'의 이야기들을 가슴 깊이 이해했지만, 다른 사람들은 작가의 작품에 공감하지 못했다. 자기 느낌대로만 표현하니 사람들이 보고 싶어 하지 않는다는 걸 깨달은 작가는 "그 공백을 메우는 게 가장 힘들었다"고 고백했다. 작품에 자신의 상처를 쏟아 내는 게 아니라 자신의 감정과 객관적 거리가 필요하다는 점을 인정한 뒤에야 사람들이 공감할 수 있는 그림책을 완성할 수 있었다.

자신의 믿음과 경험과 감정을 대상화한다는 것은 낯설고 뼈아픈 작업이다. 인터뷰어 또한 자기중심성에서 벗어나야 타인의 말을 듣고 쓸 수 있다. 상대의 아픔에 공감하면서도 자신의 아픔과 거리를 두어야 건강하게 소통할 수 있다. 인터뷰에서 인터뷰어의 감정은 인터뷰이를 이해하는 데 바탕이 된다. 하지만 사람들에게 정확하게 전달해야 하는 것은 자신의 감정이 아니라 상대의 마음이라는 것을 명심해야 한다.

다른 범주들이 그렇듯 '여성'이라는 범주도 단일한 집합체가 아니다. 여성은 모두 같은 여성이 아니다. 여성들은 저마다 다른 욕망과 개성을 가지고 다른 환경을 살아가는 현실 속 사람들이다. 사회경제적 조건에 따라 다른 말투를 쓰고, 다른 심리적 증상을 보이며, 다른 꿈과 욕망을 품는다. "말해도 모를 것"이라거나 "모를 수 있어서 다행"이라는 말 속에는 계급적 차이에 대한 인식이 들어 있다.

두 사람이 얼굴을 마주할 때 서로의 모습과 말투, 몸짓에서 차이를 느낀다. 그 짧은 순간 인터뷰이는 어떤 말을 하고 하지 않을지 판단을 내리기도 한다. 말해도 어차피 이해받지 못할 거라고 생각하기 때문이다. 때때로 듣는 이 또한 사회적으로 용인된 표현 방식의 틀을 통해 상대의 행동을 바라보고 재단한다. 그도 성장 배경과 자신이 속한 환경의 영향을 받기 때문이다.

인터뷰는 주로 말로 이루어지는 작업인데 언어 자원은 계급별로 상이하다. 빈곤한 이들은 경제적인 어려움뿐 아니라, 자기 상황을 말로 표현하는 데도 어려움을 겪는다. 부당한 환경을 비판하기보다는 부족한 자신을 탓하는 경향이 있다. 존중받은 경험이 적어서 자기를 좋아한 사람과 싫어한 사람, 자신이 잘한 것과 못한 것을 나누며 이야기를 늘어놓기도 한다. 그 결과 정작 무엇을 말하려는 것인지 인터뷰어가 포착하지 못할 때도 있다.

그 머뭇거림을 이해하고, 정말 말하고 싶은 것이

무엇인지 들으려면 말들 속에 숨겨진 열망과 바람까지 읽어 내야 한다. 선불리 판단하지 말고 그들이 무엇을 바랐으며 무엇이 좌절되었는지, 진짜 말하고 싶은 것이 무엇인지 찾아야 한다. 그래서 경우에 따라서는 같은 눈높이로 마주하고 듣는 것만으로는 부족하다. 마음의 귀를 그들 말의 바닥에 대고 엎드려서 들어야 한다. 잘하고 싶은데 그럴 기회가 없었다는 것, 그런데도 주어진 조건 속에서 최선을 다했다는 것, 자신을 받아들이고 책임지고 있다는 것, 무엇보다 그들 역시 존엄하다는 것을 믿어야 한다.

포르텔리 교수는 그날 두 가지 질문을 했다.

"그 사람이 왜 당신을 믿어야 합니까?"

"그리고 당신은 당신 자신을 믿을 수 있습니까?"

우리는 매번 어긋나게 앉아 있다. 말하는 이는 상대를 보고 이야기를 재구성하고, 듣는 이는 둘 사이에 놓인 차이를 목격한다. 같은 자리에서 만났다 하더라도 불평등한 사회에서 불평등한 관계는 엄연히 존재한다. 나이가 다르고 성별이 다르고 정체성이 다르고 계급과 지위가 다르다. 직접 대면했기 때문에 그 차이는 더욱 강렬하게 인식된다. 중요한 것은 그 차이를 인터뷰 과정에서 어떻게 다루느냐에 있다. 듣는 이가 그 차이를 성찰하며 써내는 것이 자신의 역할이라는 것을 받아들여야 한다. 언어는 각자가 열망하는 것이 무엇인지 찾을 수 있는 도구로 쓰여야 한다. 스스로를 더 잘 이해할 수 있는 수단으로 제각기 제공되어야 한다.

우리는 서로를 비추는 거울이 되어 마주 본다. 불평등한 사회에서 불평등한 관계 속에 놓여 있지만, 우리는 평등한 언어를 꿈꾸기 때문에 만나서 말한다. 그의 언어 때문에 나의 언어가 휘청거리며 변하고, 나의 언어로 인해 그의 언어도 변한다. 인터뷰가 가지는 가능성이 있다면 기울어진 세상에서 우리가 평등한 언어를 나누기 위해 노력한다는 점이다. 적어도 인터뷰를 하는 자리에서는, 말의 한계에서 벗어나 새로운 말의 세계를 경험할 수 있다. 포르텔리 교수는 좋은 인터뷰인지 아닌지는 인터뷰를 통해 서로 얼마만큼 변했는가에 달려 있다고 결론지었다.

고백하자면, 차이가 커서 도저히 할 수 없을 것 같던 인터뷰를 해냈을 때 무엇보다 나의 시선과 생각이 가장 크게 변해 있었다. 알고 있던 지식이 대면한 상황과 맞지 않을 때 나는 속수무책으로 듣고 있을 수밖에 없었다. 그때 말하는 이는 자신의 방식으로 세계를 보는 법을 가르쳐 주었다. 내가 감정이 북받쳐 울컥할 때, 그는 자신이 그렇게 행동한 이유를 들려주고 변화를 향한 갈망을 보여 줌으로써 나의 한계를 딛고 나아갈 수 있게 해 주었다. 더 들을 수 없는 얘기 앞에서는, 내가 살고 있는 세계의 좁은 울타리를 겸허히 인정하게 되었다. 나와 전혀 다르게 살아온 사람 앞에서, 그 모든 폭력과 좌절을 겪으면서도 최선으로 살아 낸 모습을 존경하는 법을 배웠다. 그랬다. 결국 이야기는 사람들을 변화시킨다. 인터뷰가 아니면 불가능했을 일이다.

표정

말보다 표정이 먼저 다가올 때가 있다. 웃거나, 무표정하거나, 눈길을 회피하거나, 얼굴이 굳거나, 눈물이 고이는 건 모두 감정의 갈피를 드러낸다. 말의 내용에만 신경을 쓰면, 표정과 몸짓에서 드러나는 심리를 놓치고 만다. 때로는 언어적인 사항보다 비언어적인 사항이 그가 진짜 말하고 싶어 하는 것이 무엇인지 정확하게 알려 준다.

〈트라이브스〉(니나 레인 원작, 구자혜 연출)라는 연극을 봤다. 연극에는 엘리트 가족이 나오는데, 그중 청각 장애인인 빌리가 있다. 가족이 현학적인 논쟁을 벌이며 서로를 공격할 때, 빌리는 가족의 표정이나 입 모양을 유심히 보고 마음을 읽는다. "기분이 안 좋구나." 말을 듣지 못해도 그들이 속상해하고 아파한다는 걸 알아챈다. 하지만 정작 그의 기분이 어떤지는 아무도 관심 갖지 않는다. 빌리와 소통하기 위해 자신들이 무엇을 해야 하는지 궁금해하지 않는다. 자기 말을 제대로 들으려면 수어를 배우라고 요청했지만 꿈쩍도 않는 가족을 향해 빌리는 "나는 당신들에게 중요한 존재가 아닌가요?"라며 절규한다. 연극은 그동안 우리가 소외시켜 온 언어에 대해 생각할 거리를 던진다.

인터뷰는 두 사람이 만나 상호작용을 하는 것이기에 당연히 묻는 이의 표정도 말하는 이의 표정에 영향을 끼친다. 처음 만났을 때, 두 사람 모두 긴장해 있는 경우가 많다. 인터뷰어만큼이나 인터뷰이도 이야기를 해야 한다는 낯선 상황에 긴장한다. 묻는 이가 열린 마음으로 편안한 분위기를 만들면 그 감정은 곧바로 전달되어 이야기를 원활하게 시작하는 데 도움이 된다. 묻는 이는 상대의 반응을 보면서 자기 표정과 몸짓이 어떤 영향을 끼치는지 가늠한다. 그러고는 경청하는 자세로 상대가 자유롭게 말할 수 있도록 분위기를 이끌어야 한다.

몇 년 전, 백화점 노동자를 만났다. 그녀가 말로 일러 주는 내용만큼이나 그 표정이 인상적이었다. 그녀는 인터뷰 내내 굳은 표정을 풀지 않았고, 단 한 번도 웃지 않았다. 백화점 일을 하며 항상 진심을 다해 웃으라는 요구를 받았던 그녀는 정작 진심을 말하는 자리에서는 웃음기가 싹 가셨다. 무덤덤하게 말하다가도 고객에게 폭력을 당한 경험을 말할 때는 책상을 손으로 쳤다. 살짝 쳤을 뿐인데도 억제된 상태에서 나온 행동이라 그런지 큰 소리가 난 것 같았다.

"연기자랑 똑같아요. 감사해하고 죄송해한다는 것을 말뿐 아니라 진심처럼 연기해야 했어요. 연기를 잘하면 고객한테 인정받고 본사에서 인정받고, 연기 제대로 못 하면 컴플레인 걸려서 이 백화점 저 백화점 떠돌고 평가에 영향을 미치고……. 손님이 욕하는데 같이 욕할 수 없는 거죠. 감정은 저희 서비스의 생명인데, 그러니까 저희한테 감정은 생명과 똑같은 거죠."*

가면 뒤에 가려져 있던 마음에서 나온 말들이었다. 말할 수 없다 해서 감정이 사라지는 건 아니다. 사회에서 용인되지 않은 행동 방식이 허용된다면, 대답하는 이는 속내를 내비친다.

서비스직 노동자가 항상 웃고 친절한 표정을 지어야 하는 건 그 노동 자체가 성별화되어 있기 때문이다. 여성들에게는 성차별적으로 요구되는 표정이 규범으로 존재한다. 그 표정들은 일터의 규율 원리로도 작동한다. 성 역할에 따른 '정상' 표정은 어느 정도 획일화되

---

* 『여성, 목소리들』, 143~149쪽 참조.

어 있다.

낸시 헨리는 『육체의 언어학』에서 이렇게 설명했다. 여성은 행복한 얼굴을 하라고 사회적으로 강요받는다. 여자아이가 눈살을 찌푸리는 것은 예쁘지 않다고 훈육된다. 분노의 표정을 감출 것을 요구받는다. 여성은 남성에 비해 우는 표정을 사회적으로 허락받지만 표정의 가변성은 자신에 대한 정보를 일방적으로 제공해서 공격받기 쉽게 한다. 또한 감정적이고 불안정한 사람으로 여겨지는 데 이용된다. 반면 여성의 미소는 애교의 상징이 된다. 여성은 늘 웃는 표정을 지어야 하고 불행하지 않다고 여겨져야 한다. 온화하며 고분고분한 행동을 요구받는다. 미소는 언어적인 뜻이 있다기보다는 여성에게 규정된 역할이다.*

어떤 여성들은 자신이 계속 말해도 된다는 데 낯설어했다. 가난하거나 장애가 있거나 그동안 무시당하고 발언권을 가질 기회가 거의 없었던 여성들일수록 그랬다. 그들은 나와 되도록 멀찍이 떨어져 앉았다. 어떤 때는 방구석에서 무릎을 모아 세워 감싸 안은 채 물끄러미 바라보며 물었다.

---

* 『육체의 언어학』(낸시 M. 헨리 지음, 김쾌상 옮김, 일월서각, 1990), 216~221쪽 참조.

"말해도 돼요?"

하지만 말은 곧잘 끊겼다. 곁눈질로 나를 살피기도 했다. 경계를 풀려면, 내가 더 적극적으로 묻고 말을 이어 가야 했다. 그녀가 마음을 열고 이야기한다는 것은 표정과 몸짓을 보고 알았다. 굳은 표정이 풀리고, 얼굴에 자연스러운 미소와 활기가 돌았다. 감싸 안은 다리를 풀고 몸을 내 쪽으로 기울였다. 비난받거나 판단받지 않는다는 것을 느끼면, 다시 말해 존중받는다는 느낌이 들면, 그녀는 마음의 빗장을 풀었다.

실은, 자기가 말을 잘 못한다고, 할 말이 별로 없다고 하는 사람일수록 타인의 표정이나 몸짓에 포함된 욕구를 더 잘 간파했다. 그들은 표정과 몸짓의 의미를 직관적으로 이해했다. 논리적으로 자신을 설명해 내지 못할 뿐, 자신이 무엇을 하고자 하는지 잘 알았다. 삶의 방향에 대해서도 현실적인 판단을 하고 있었다. 단지 자신을 궁금해하지 않는 타인들을 겪으며 설명하려고 애쓰지 않게 되었을 뿐이다. 그들은 세상에서 규범이 되는 표현들이 어떤 것인지 알았고, 그 규범이 주는 피곤함 때문에 자주 타인과 단절된 삶을 살았다. 말들을 외로운 방에 가두어 놓았다.

한 식당 노동자는 "하루에 12시간 일하고 100만 원을 받았어요. 그건 말도 안 되잖아요" 하고 말했다. 내가 질문했다. “그 월급으로 어떻게 가계를 꾸렸어요?” 내 딴에는 맞장구를 친 거였는데 갑자기 대화가 끊겼다. 그녀는 입을 다문 채 오랫동안 나를 바라보았다. 이루 말할 수 없는 고단함과 상처 입은 자존심이 그 눈빛에 어려 있었다.

“……힘들지요.” 그녀는 그렇게 말을 맺었다.

나는 그 순간의 눈빛에서 강렬한 느낌을 받았다. “너어무 힘들었어요. ……너어무 어려웠어요.” 그녀는 자세히 설명하지 못하고 그저 힘들었다는 말로 지난한 세월을 압축했다. 말은 인내해 온 몸 밖으로 더 나오지 못했다. 아프다고 말하지 않음으로써 견뎌 낼 수 있었다. 아프다는 말은 이제 낯설고 쓸모없어졌다. 표정과 눈빛만이 그 묵묵한 세월을 증언할 뿐이었다.

그렇게 비언어적인 표현들은 살아온 삶에 관해 중요한 이야기를 담고 있다. 미하엘 할러는 저널리스트를 위한 책 『인터뷰』에서 말과 함께 나타나는 표현 영역을 알아 두어야 한다고 조언한다. 공간적 거리, 앉는 위치와 방향, 몸짓의 속도와 역동성, 기분을 나타내는 시선과 표정, 목소리의 크기와 억양, 말의 빠르기와 유창성에 주의해 인터뷰를 진행해야 한다는 것이다. 또한 묻는 이는 자신의 비언어적 신호들을 점검하고, 말하는 이와 차이가 확인되는 영역에서 자기표현 행동을 상대의 표현 행동에 동화시켜야 한다. 일단 서로 동화되고 있다는 믿음이 생기면, 각자의 표현 행동은 인터뷰를 지속하는 데 유리한 방향으로 변화할 수 있다.*

『수신확인, 차별이 내게로 왔다』에서 김일란 연분홍치마 활동가는 성소수자의 이야기를 기록했다. 그는 성소수자 다큐멘터리를 만들면서 '순간'을 기록하는 일의 현실적 어려움을 체감한다.

"언제나 목표가 있었다. 그것은 '순간'을 재현하고 싶다는 것이었다. 여기서 말하는 순간이라는 것은 매우 치명적이면서 정서적인 차별을 받는 상황에서 한 개인이 느끼는 감정적 사건을 말하는 것이다."

김일란 활동가는 성소수자가 차별을 받으며 느끼는 감정을 카메라로 포착하고 그 감정의 의미를 관객에게 전하려 했으나, '순간'의 재현은 카메라 앞에서 우발적으로 발생하기 전에는 원칙적으로 기록될 수 없다는 한계가 있었다고 고백한다. 설령 그 '감정'을 포착한다 해도 감정의 맥락을 설명해 주어야 관객들이 주인공의 감정에 몰입할 수 있었다. 설명이 아닌 '감정'을, 인터뷰가 아닌 '순간'의 이미지로, 찰나적이면서도 반복적인

---

* 『인터뷰』(미하엘 할러 지음, 강태호 옮김, 커뮤니케이션북스, 2008), 288~290쪽 참조.

차별의 의미로 재현하고 싶었지만 그건 거의 불가능했다고 그는 말한다.*

기록할 때 나는 그 순간을 살리기 위해 르포 형식으로 쓰기도 했다. 관찰자가 전제된 서술형 기록의 장점은 말하는 이의 비언어적인 표현까지 묘사할 수 있다는 점이다. 말하는 방식, 몸짓, 행동, 옷차림, 다른 이를 대할 때의 모습을 눈앞에서 본 대로 쓸 수 있다. 이런 형식으로 기록하면 내면묘사도 가능해진다. 기록자가 강한 인상을 받은 것과 말의 숨은 속뜻까지 드러내 쓸 수 있기 때문이다.

인물의 외면뿐 아니라 내면에 초점을 맞춰 기록하면 독자들은 한 사람을 더 생생하게 느낄 수 있다. 명백히 들리거나 보이는 것뿐 아니라, 들리지 않고 보이지 않는 것에 주의를 기울일 수 있다. 물론 이런 기록이 어느 정도 주관적이라는 점을 감안해야 한다. 내면에 초점을 맞출 때는 기록자의 감정과 가치관이 적극적으로 개입하게 된다. 상대의 표정에서 특징을 포착하고 느끼는 일은 인터뷰어의 삶의 맥락에서 일어나기 때문이다. 그런 면에서 기록자의 사회적 위치와 내면이 드러나기

---

* 『수신확인, 차별이 내게로 왔다』(인권운동사랑방 엮음, 오월의봄, 2013), 108~111쪽 참조.

도 한다. 그러나 이야기의 초점은 듣는 이의 삶이 아니라 말하는 이의 삶에 있다. 듣는 이는 자신이 느낀 여러 세부 사항 중에 상대의 삶을 더 잘 보여 주고 맥락을 드러낼 수 있는 것을 선택해야 한다. 그 과정에서 자신이 강하게 느낀 감정조차 냉정하게 성찰하고 비판할 수 있어야 한다.

인터뷰가 기록하고자 하는 것은 결국 인간의 영혼이다. 말을 듣고 표정을 보는 것은 그 영혼에 다가가기 위해서다. 따라서 듣는 이는 자신의 눈과 귀를 열고 필요하다면 자신의 마음까지 내어놓아야 한다. 그리고 서로 사회적 위치가 다르다는 것을 인식하며 자신의 마음에 비친 상대의 마음을 기록해야 한다. 그래서 인터뷰 기록은 한편으로 인터뷰어의 주관적 가치에 대한 기록이기도 하다.

문을 열면 한 사람을 만난다. 그다음엔 그 사람의 마음의 문을 열어야 한다. 때로 그들은 진짜 표정을 감춘 채, 생존하기 위해 만들어 낸 표정을 짓는다. 그가 말하기로 마음먹은 선 안쪽으로 좀 더 들어갈 수 있기를 바라며 묻고 또 묻는다. 표정은 허락한 범위 외의 것은 보여 주지 않겠다는 듯 단호하다. 사회적인 평가를 의식한 표정이 아니라, 온전히 그만의 것인 표정을 어떻게 만날 수 있을까? 어떤 때는 자괴감에 가까운 심정으로 질문을 계속한다.

인터뷰에서 빛나는 순간이 있다면 진실한 감정과 결합한 말, 또는 그 감정과 일치된 표정이 나타날 때다. 거리를 둔 답변을 하고 평가를 의식한 표정만을 짓다가 어느 순간 말하는 이가 순수한 기쁨으로 가득 찬 얼굴을 보여 주거나, 깊은 망설임이 담긴 굳은 얼굴을 보여 줄 때가 있다. 마음의 빗장을 풀고 간직하고 있던 이야기를 선선히 들려줄 때도 있다. 이런 일들은 순식간에 일어난다. 더 자세한 이야기 듣기를 포기한 순간, 인터뷰를 마무리하려는 순간, 평범한 질문을 한마디 던진 순간. 아무도 예상하지 못한 그 순간에 그는 표정을 바꾸어 진짜 이야기를 들려주기 시작했다.

상처를 견디느라 얼어붙은 채 말없이 눈물만 흘리고 있을 때도 있다. 타인을 의식하는 이야기가 아니라 자신에게 하는 정직한 이야기가 나올 때는 가슴속 깊이 숨겨져 있던 표정이 드러났다. 소중한 기억을 되짚는 아련한 표정, 상처받은 자리를 응시하는 표정, 이해를 갈망하는 표정, 비밀을 다 말하지 못해 안타까워하는 표정, 고통을 견뎌 내겠다는 의연한 표정…… 자신없이 웃거나 딱딱하던 표정이 일순 허물어지면 그 틈으로 깊고 다양한 표정이 떠올랐다.

그런 표정을 목격할 때마다 기억에 생생히 남았지만 그 표정을 글로 완전히 옮긴 적은 없다. 그러나 그 표정을 마주한 순간만큼은 인터뷰이를 만난 시간을 통틀어 가장 빛나는 순간임에 틀림없다. 그 표정으로 그만의 삶을 이해할 수 있다. 방어적인 표정 뒤에 지키고자 하는 얼굴을 알게 된다.

평생 한 달에 100만 원을 벌어 보지 못했다는 일흔이 넘은 독거노인은 가난이 정말 큰 죄라며 우울해하다가 이렇게 말했다.

"난 꿈이 없어요. 꿈도 배워야 꾸는 거예요. 그렇게 생각해요. 나는 다른 사람의 집을 구경하지도, 다른 걸 구경하지도 않았어요. 그냥 앉아 있었어요. 내가 구경을 한다고 해도 어차피 나하고 거리가 먼 거잖아요. 이루어질 가능성도 없고 필요 없는 거잖아요. 난 꿈을 꾼 적이 없어요. ……예전에 청계천 거리를 차박차박 걸어가다가 막내아들에게 말했어요. '저 냇물이 엄마가 산 역사다.' 처음에 흘러가게 놔뒀다가 다시 막아 놓고 또 다시 뜯어서 흘러가는 하천. 내 삶도 그랬다고…… 난 가난한 엄마였지만 정말 최선을 다했어요."*

---

* 「'여자라서' 고만큼밖에 못 받는대요」(〈일다〉, 안미선, 2019년 12월 11일).

죽고 싶은 적이 많다면서도 그 말을 하며 웃고 마는 그녀의 눈가는 붉게 짓물러 있었다. 착취당했을지언정 그 누구의 것도 빼앗아 본 적 없고, 세상에 학대당했지만 돌보고 베푸는 마음을 끝끝내 잃지 않은, 온기가 남아 있는 표정을 보았다. 세상을 탓하지 못해 자신을 탓할지언정 삶의 끈을 놓지 않은 용감한 얼굴이었다.

진짜 기쁨과 슬픔과 욕망이 깃든 표정을 보면 내가 모르는 사람이라도 조금씩 이해할 수 있다. 그러면서 알게 된다. 그녀가 자신의 말은 한마디 못 하고 타인의 말만 들어야 했다는 것을. 자신이 누구인지 드러내지 못한 채 숨죽여야 했다는 것을. 타인의 요구에 따라 웃고 울면서 살아왔다는 것을. 인터뷰는 인터뷰이의 경험과 감정이 무슨 의미였는지 당사자가 스스로 깨닫고 말할 수 있게 하는 자리다. 그녀는 들려준다. 무엇을 참아야 했고, 무엇을 참을 수 없었는지. 무엇을 진짜 바랐는지. 그리고 우리에게 묻는다.

"나는 당신들에게 중요한 존재가 아닌가요?"

그녀는 이곳에서 너무나 오랫동안 입을 다물고 있던 존재였기 때문에 사람들은 그 질문에 놀랄 것이다. 그녀는 더 이상 보여지는 존재가 아니라 보는 존재가 되었다. 사람들은 당혹스러워하거나 분노할지 모른다. 감정을 담은 진짜 얼굴이 앞에 나타났을 때, 사람들은 그녀를 모른 척하거나 구슬리거나 기만하려 들지도 모른다. 그러나 모두에게 낯선 새로운 표정은 다시 질문할 것이다.

"당신들의 말은 충분히 들었으니 이제 내 이야기를 들어요! 내 이야기는 궁금하지 않나요?"

그녀는 돌연히 나타나 무관심한 사람들 앞에서 당당하고 용감하게 웃고 운다.

청중

한 사람은 늘 같은 이야기를 하지 않는다. 듣는 사람이 누구인지에 따라 다르게 말한다. 한편 듣는 이는 동일한 사람을 만난다 하더라도 그때마다 다른 이야기를 듣는다. 이유는 여러 가지다. 말하는 사람이 똑같은 이야기를 반복하지 않는 건 자신의 관심사와 반응이 바뀌기 때문이다. 또는 듣는 사람의 관점과 문제의식에 따라 이야기의 어떤 부분은 강조하고 어떤 부분은 삭제한다. 말하는 이와 듣는 이가 함께 만들어 낸 이야기는 항상 그 순간의 진실이라는 시공간적 제약을 가진다. 언제 어디에서 누구에게 말하는지에 따라 사람은 자신의 삶에 다른 의미와 해석을 부여한다. 이야기가 다르게 나오는 또 하나의 중요한 이유가 있다. 그 이야기를 전해 듣는 청중의 존재다.

혼자 들은 이야기는 글로 기록되어 독자에게 전해진다. 독자는 익명의 사람들이고 그 사회의 구성원들이다. 말하는 이는 한 명에게 말하지만, 그 한 명 뒤에 있는 독자들을 염두에 둔다. 자신의 생각과 경험이 동시대 독자들에게 얼마나 잘 전달될지는 듣는 이가 이야기를 어떻게 구성할지에 달려 있다. 거기에는 어려움이 따른다. 사회에는 지배적인 이야기 틀이 있고 주제를 쟁점화하는 방식도 비교적 고정되어 있다. 그 공식에 따르는 이야기들은 익숙하고 거부감 없이 받아들여지지만 통념과 다른 이야기는 청중(독자)을 불편하게 한다.

한 사람이 겪은 현실의 이야기는 지배 규범에 따른 이야기와 충돌하고 경합하며 어긋난다. 이야기하는 사람이 드러내는 현실과의 갈등과 고유한 해석이 통념상 낯선 것일 때, 기록자는 고민에 빠진다. 청중이 곡해 없이 이해할 수 있도록 맥락을 잘 알리려면 무엇을 더 전해야 하는지 고심한다. 한 사람의 말을 온전히 전하려면 때로는 스스로에게 윤리적인 질문을 던져야 한다. 들은 말을 제대로 전달하는 것에 기록자는 온전히 책임을 져야 한다.

소설가 박완서는 자신의 체험을 여러 편의 소설에 썼는데 한 책의 서문에 이렇게 밝혔다. "그때그때의 쓰임새에 따라 소설적인 윤색을 거치지 않은 경험 또한 없었으므로, 이번에는 있는 재료만 가지고 거기 맞춰 집을 짓듯이 기억을 꾸미거나 다듬는 짓을 최대한으로 억제한 글짓기를 해 보았다."* 나는 각 시대마다 할 수 있는 이야기가 달랐기에 그녀가 계속 다르게 썼을 거라고 짐작한다. 쓸 수 있는 것과 쓸 수 없는 것 사이에서 작가가 벌이는 줄다리기가 있다. 사회가 받아들일 수 있는 틀 안에서 작가는 끊임없이 협상하며 조금씩 더 자신의 진실에 가깝게 발언하려고 애쓰기 때문이다.

다름을 배제하고 혐오하는 문화 속에서 '다른' 목소리는 설 자리를 잃는다. 피해를 말하는 목소리조차 의심당하고, 정당한 비판조차 무능력의 소산이라는 조롱을 받는다. 청중은 그런 사회의 각본에 영향을 받고 때로 그 잔인한 역할을 앞장서서 수행하기도 한다.

청자를 신뢰하지 않는다면, 말하려던 이는 침묵할 것이다. 말하지 않음으로써 상처받지 않는 쪽을 택할 것이다. 위안부로 끌려갔다가 생존해 돌아온 여성들은 그 일이 일어난 지 50여 년이 지나서야 처음으로 입을 뗄 수 있었다. 그동안 사회가 그 경험에 귀 기울이지 않았고, 오히려 가부장적 편견으로 낙인을 찍었기 때문이다. 겪은 일이라고 해서 모두 다 말하거나 쓸 수 있는 건 아니다. 자기가 겪은 일을 어떻게 표현해야 할지 언어를 구해야 하고, 그 언어를 믿어 줄 사람을 찾아야 한다.

---

* 『그 많던 싱아는 누가 다 먹었을까』(박완서 지음, 웅진지식하우스, 2005), 7쪽.

말해 주는 이의 신뢰를 얻지 못하면 이야기를 들을 수 없다. 나도 인터뷰를 하고 싶다고 전화로 연락했다가 거절당한 적이 있다. 수화기 너머에서 그녀는 흥분한 목소리로 말했다. "난 자식을 잃었어요. 지금 나한테서 무슨 얘기를 듣고 싶은 거예요?" 순간 자신감을 잃었다. 하지만 혹시 그녀가 말하고 싶은 것이 있다면 그 말을 기록해야 한다고 생각했다. 사회적 참사로 자식을 잃은 이였다. 다시 인터뷰를 부탁했을 때 그녀는 화를 냈다. 거절하는 이유를 물어보았더니, 그동안 언론에서 받은 상처 때문이라고 했다. "내가 한 말이 그대로 나오지 않았어요. 아이의 죽음에 대해 어떻게 그렇게 함부로 말할 수 있어요? 어떻게 그렇게 말해요?" 신뢰가 사라진 자리에서 나는 더는 설득할 힘을 잃었다. 그런 사람들만 있는 게 아니라, 마음을 함께하려는 사람들도 있다고 말씀드리고 전화를 끊었다. 그녀가 인터뷰를 안 한 게 아니라 사회의 폭력이 그녀 입을 틀어막은 것이다.

때로 말하는 이가 이야기를 하다가 멈출 때도 있다. 내가 잘 듣는 것만으로는 해결되지 않는 지점이 있다. 그녀는 자기 이야기가 세상에 알려지면 비난받을 것이라고 판단했다. 가난한 것도, 못 배운 것도, 피해를 당한 것도 다 흉이 되는 세상이기에 감추어야 한다고 생각했다. 그 판단은 이때까지의 경험을 근거로 내린 것이기에 단단했다. 차별받는 자리가 어디인지, 그녀들은 가족과 이웃 사이에서, 일상 속에서 간파했다. 피해가 사회적 폭력으로 생긴 것이라 할지라도 그 책임을 개인으로 돌리는 것이 관습이기에, 많은 여성이 피해 사실을 숨겼다. 말하기를 격렬하게 거부하는 이들의 속을 들여다보면, 배제된 자리에서 자존감이 낮아진 경우가 종종 있었다. 그럴 때는 자신의 이야기를 들려주기는커녕 누군가가 자신을 보는 것만으로도 마음이 다친다.

어떻게 여성에게 이야기를 하게 할 수 있을까에 대한 질문은 어떻게 우리가 그 이야기를 들을 수 있을까에 대한 질문과 맞물린다. 당사자의 시선으로 풀어내는 새로운 이야기는 청중에게 그 이야기를 듣는 법을 새롭게 배울 것을 요구한다. 사실 물려받은 이야기가 없다는 것은 여성들에게 치명적이다. 매번 같은 경험에 맞닥뜨리면서도 이를 언어화하지 못해 고군분투해야 하기 때문이다.

여성은 자신의 경험을 설명하기 위해 가부장적 판단이 들어 있는 오염된 말을 써야 했고, 그 말들이 지시하는 것과 자신이 말하고자 하는 것 사이의 커다란 간극 때문에 갈등했다. 가부장적 언설들은 여성 간에도 위계를 매겼고, 위험한 자리와 안전한 자리를 구분했으며, 있어야 할 곳과 해야 할 일을 규정했다. 그 모든 기준은 여성의 이익이 아니라 여성의 노동에 기대는 타인의 이익이었다. 그런데도 여성들은 그 기준에 미치지 못한다는 이유로 공격당하고 스스로를 책망해 왔다. 여성에게 큰 짐을 지우고 그 역할 수행이 사회가 일방적으로 정한 기준에 미치지 않으면 깎아내리는 언설들이 즐비했다.

인터뷰에서 만난 여성들은 이따금 공식적으로 말할 자격이 없다고 느끼거나, 그렇게 말하는 것을 두려워했다. 자신을 만나러 왔는데도 남편에게 발언권을 넘기는 여성 농민도 있었다. "일터에서 있었던 일을 말하면 피해를 입지 않을까요? 제가 계속 일할 수 있을까요?" 인터뷰한 다음 자기가 말한 부분을 빼 달라고 연락해 온 여성 노동자도 있었다.

일터에서든 가정에서든 분위기를 거스르지 않고 살아온 그녀들은, 권리를 말하고 목소리를 내면 사람들과의 관계가 틀어질 거라는 두려움을 갖고 있었다. 관계를 유지하고 생존하기 위해서는 자신이 주변에서 기대하는 그런 사람이라는 것을 보여 주어야 했다. 자신이 감내하는 자리가 불편하다고 말했을 때, 더 원하는 것이 있다고 말했을 때, 누군가가 들어 주고 함께한 경험이 그들에겐 부족했다.

성매매 경험이 있던 한 여성은 어릴 적엔 소풍 가서 "헬로, 초콜릿 기브 미"라며 천진하게 노래했고, 나이 들어서는 미군을 따라다니며 "헬프 미, 머니!"라고 외쳤다고 했다. 한 TV 다큐멘터리에 출연해 기지촌 성매매 경험을 이야기했는데, 그걸 본 친구가 "리어카라도 끌지 그랬냐"라는 말을 툭 던졌다. 그는 그 말을 두고두고 곱씹었다고 했다.* 어릴 때 성폭력을 당했고, 가난 속에서 학교를 다니면서 모든 희망을 잃고 성매매 집결지까지 가게 되었다는 이야기는 이해받지 못했다. 모든 건 개인의 선택이고 그 책임은 당사자가 떠맡아야 한다는 논리 속에서 그녀는 잘못된 선택을 한 사람일 뿐이었다. 여성의 선택에 관한 것일 때 그 잣대는 더 날카로웠다. 사회에 적응한 사람들은 자신들이 적응할 수 있었던 환경도, 다른 이들이 처한 환경과 조건도 생각하지 않았다. 생각하지 않을 수 있다는 것이 그들의 특권이었다.

그런데 그녀가 자신이 살아온 이야기를 책으로 내겠다고 결심한 데는 이유가 있었다. 살려면 말을 해야 했기 때문이다. 속에서 치밀어 오르는 게 있는데 그걸

* 『아메리카 타운 왕언니 죽기 오분 전까지 악을 쓰다』 참조.

모른 척하고는 살 수 없을 것 같다고 했다. 아무도 들어 주는 이 없이 버림받은 시간을 살아 낸 이였다. 성폭력과 성매매, 미군과의 동거, 동성애, 육아, 식당 일, 종교 활동…… 세상 사람들에게 칸칸이 다르게 구분된 일들을 그녀는 한 몸으로 넘나들며 살아 냈다.

말은 여성의 경험을 구분 짓고 평가하지만, 삶에서는 그 경계가 말들처럼 분명한 것이 아니다. 정상과 비정상, 규범과 일탈, 칭송과 비난의 잣대로 한 사람의 삶을 단정 지을 수 없다. 삶에서 그 경계는 뒤섞이고 불분명하기 때문이다. 그녀는 자기 이야기로 책을 내서 많이 팔고 싶다고 했다. 돈이 생기면 소외된 이웃과 아이들을 위해 일하고 싶다고 했다. 길을 가다가 혼혈인 아이를 만나자 그녀는 "아이구, 예쁘다. 너희가 세상에서 제일 예쁘다"라고 인사했다. 그녀는 나에게 아이들도 따로 만나 보라고 채근했다.

"이 아이들에게 다른 세상이 있다는 걸 보여 주고 싶다"고 했다. 때리고 욕하고 무시하는 세상만 있는 것이 아니라 자기 말에 귀 기울여 주는 세상도 경험해 보게 하고 싶어 했다. 경청받는 경험을 하면 다르게 살아갈 수 있다고 그녀는 믿었다. 이곳의 삶을 잘 아는 그녀는 말로 이웃을 재단하지 않았다. 자신에게 유일한 세상인 이 자리의 외로운 말들에 귀 기울이고, 또 함께 들어 줄 이를 불러 모음으로써 자리를 넓히고 싶어 했다. 이웃과 모여 기도했는데 그 내용은 이랬다. "저희 말을 다 듣고 계시죠? 눈물과 한숨을 모두 보셨지요? 하지 않은 말도 다 들으셨지요?" 그러나 신과 이웃뿐 아니라 말을 들을 누군가가 더 필요했다.

"빠르게 변하는 세상에서도 본질은 바뀌지 않고 우리에게 남아 있는 게 있어요. 그게 우리 역사예요." 그녀가 말했다. 소녀와 여자들의 삶에 변치 않고 남아 있는 것이 있다. 그녀는 자기가 만난 여성들 이야기를 많이 했다. 지금은 세상을 떠난 여성, 죽임을 당한 여성…… 하나하나 잊지 않겠다는 듯 가슴에 손을 얹고 그녀들의 이름을 불렀다.

인터뷰를 하면서 나는 한 여성의 목소리를 빌려 수많은 여성이 함께 말하고 있다고 느낀다. 청중 없이 혼자 중얼거리며 길을 떠돌던 여성들, 집을 떠난 여성들의 이야기가 이 자리에서 배회하고 있었다. 온힘으로 살아 낸 그녀들의 이야기는 청중을 가질 자격이 있다.

우리는 그 말들을 끝까지 들어 낼 수 있을까? 청중으로서 우리는 말하는 이가 선사하는 기회를 놓치지 않고 말을 받아 안을 수 있을까? 그들이 제 몫을 빼앗겼다는 것을 인정하고 그들의 권리를 상상하고 되돌려 주려고 애쓰며 인간성을 지켜 낼 수 있을까? 그렇게 우리는 청중의 역할을 다해 낼 수 있을까?

인터뷰에서 한 사람의 청자는 어쩌면 말하는 이가 인생에서 처음 초대한 손님이다. 말하는 것을 가능하게 하는 건 듣는 사람의 존재다. 듣는다는 건 결코 작은 역할이 아니다. 만약 그녀가 이때까지 아무에게도 드러내지 못한 진실을 말하고자 한다면 청자는 책임감을 가지고 그 이야기를 끝까지 들어 내고 기록해 내야 한다.

그녀는 한 사람으로서 말할 뿐이다. 하지만 세상의 평가에 맞서 자신의 노력과 선택을 끝까지 이야기해 낸다면, 그 이야기는 다른 여성들이 자기 삶을 언어화하는 데 자원이 될 수 있다. 독자들이 이야기에 공감하고 그 느낌이 공유되고 윤리적 감각과 연대 의식이 살아난다면 세상의 각본도 바뀐다. 그때가 되면 조금 더 말하고 조금 더 쓰기가 가능해진다.

한 미혼모는 일터에서 차별받고 어린아이를 혼자 키우는 어려운 상황에도 주저앉지 않고 자신의 얘기를 계속했다.

"내가 부모 없이 자랐든 아빠가 없든 엄마가 없든 한국에서 태어났든 외국에서 태어났든 다 내 삶이에요. 그거를 왜 불행하다고 생각해요? ……경제적인 것이 허락 안 돼 불편할 뿐이지 부러운 게 하나도 없거든요. 그렇게 부러워할 만큼 잘 사는 사람도 없고. 전 모든 사람이 미혼모를 나쁘게 생각한다고 생각하지 않아요. 열 명 중에 세 명은 저를 지지해 준다고 생각해요. 그걸 위안으로 사는 거지요. 함께 바꿔 나갈 게 있을 거예요."*

길에서 만나 이야기를 청했을 때 그녀는 그 자리에서 선뜻 승낙했다. 우리는 서서 말을 하고 들었다. 그녀는 아이들이 살 세상이 바뀌려면 사람들의 인식이 바뀌어야 한다고 생각했고, 누군가는 자신의 말을 지지해 줄 거라고 믿었다. 그녀가 그렇게 말했듯, 그녀 곁에 그녀를 지지하는 '세 사람'이 있기를 바라며 나는 그 글을 썼다.

우리는 이야기를 주고받음으로써 서로 평등한 존재로서 이곳에 함께 있을 가능성을 찾아낸다. 고통스러운 경험에 압도되지 않고 말을 구해 내고 서로를 구해 낸다. 우리가 외롭지 않은 건 떠나간 이들의 유산이 우리와 함께하고 있다고 믿기 때문이다. 우리가 단절된 존재가 아니라 이야기를 통해 연결된 존재라고 믿고 있기 때문이다.

어떤 여성은 이야기가 자기 삶을 뿌리 뽑아 버릴 거라는 공포에 맞서 말하고, 어떤 여성은 자신의 말을

* 『기록되지 않은 노동』, 220~221쪽.

아무도 믿지 않으리라는 의구심을 이기고 말을 꺼낸다. 여자가 말한다는 것은 혐오스럽거나 의심쩍은 일이라는 편견이 건재하지만, 또 그에 맞서 싸운 말의 역사도 우리에게 남아 있다. 여자들의 이야기는 눈송이처럼 소리 없이 땅을 적시고, 땅의 무례한 온도를 낮추다가, 어느 순간 눈에 띄게 쌓이면서 세상의 풍경을 변화시킨다. 가부장적 언설에서 벗어난 여성들의 새로운 이야기는 새로운 청중을 기다린다. 그 이야기에 공감하고 함께 상처를 감당할 준비가 된 청중과 세상으로 한 걸음 나아가고 싶어 한다.

경계

문득 경계를 만난다.

말하는 이에게 경계는 "더는 말할 수 없다"는 자리에서 나타난다. 말로 표현할 수 없는 경험을 했거나 언어적 자원이 없을 때, 말할 수 있는 건강이 허물어졌을 때 경계가 생겨난다. 말하고 듣는 것은 시간 속에서 이루어지는 작업이어서 기억은 희미해지고 말할 동기도 변해 간다. 그 또한 경계에 영향을 끼친다.

강의 자리에서 질문을 받았다. "제대로 말할 수 없는 상황이면 어떻게 기록할 수 있습니까? 이를테면 폭력의 피해로……" 그는 절실한 눈빛을 하고 몸이 굳어 있었다. 아마 삶을 기록해 주고 싶은 가까운 사람이 있는데, 당사자가 이야기할 수 없는 상황인 것 같았다. 말할 수 없는 목소리는 어떻게 듣고 그 삶을 증언해 주어야 하느냐고 묻고 있었다. 그렇게 된 환경과 맥락을 드러내면 된다는 내용의 답변을 한 것 같다. 말할 수 없는 이들을 어떻게 드러내 보이고 그 목소리를 사회에 전달하느냐는 중요한 질문이다.

소설가 김숨의 작품 『군인이 천사가 되기를 바란 적 있는가』(현대문학, 2018)는 일본군 위안부 길원옥의 증언집이다. 기억을 잃어 가는 당사자가 떠올리는 희미한 기억을 작가의 목소리를 빌려 기록한 작품이다. 그래서 이 책은 고통의 기억을 공유하고자 애쓴 인터뷰이자 소설이다. 작가는 시간에 묻히는 목소리를 기록하기 위해 상상력을 발휘했다. 증언자가 떠올리는 파편적인 언어를 포착해 이에 상징적으로 뜻을 풍부히 하고 내용을 강조했다. 말이 나온 맥락을 살피고, 주위 사람들의 이야기, 관찰을 통해 이해를 구체화할 수 있었을 것이다.

말하는 이가 사라지는 말들의 경계에 놓였을 때, 작가는 증언소설이라는 이름으로 그 한계를 넘어가고자 했다. 이때 작품 속 화자의 목소리에는 말하는 이가 한 말뿐 아니라 작가의 목소리도 적극적으로 담긴다. 상대의 말이 환기하는 정서의 역사성을 알고 이를 최대한 확산하는 것은 작가의 고유한 역량이다. 이 작품은 말해 주는 이가 더는 말할 수 없는 경계에서 작업한 하나의 사례다.

나는 발달 장애 여성을 인터뷰한 적이 있는데 서로 다른 언어의 경계를 만났다. 감정을 좀 더 말해 줄 수 있느냐는 질문에 그녀는 답하기 어려워했다. 아버지에게 맞으며 컸다고 말해서 "미워한 적이 있으세요?"라고 물었더니 "제가 다른 사람을 미워할 만큼 머리가 좋지 못해요" 하고 대답했다. 이 말에는 여러 의미가 담겨 있다. 자기는 아버지를 여전히 사랑한다, 감정을 내세우며 살아가기에는 너무 낮은 자리에 있다, 기억이 나지 않는다……. 그녀의 말은 질문의 의도와 관계없이 시간과 장소를 건너뛰며 섞여 나왔다.

나는 어쩔 수 없이 인과관계나 사실과 감정에 초점을 두고 질문했지만, 그녀는 번번이 초점에서 비켜나 대답했다. 몇 가지 인상적인 것과 자기를 대하는 사람들의 태도가 어땠는지에 대해 길고 자세하게 늘어놓는 방식이었다. 속상한 것, 억울한 것, 나쁜 것, 좋은 것. 그녀는 사람들 사이에 통용되는 언어로 자기를 설명하기 힘들어했다. 대신 그 말들은 그녀 삶의 방식 안에서는 일관성을 가지고 있었다. 그 생각과 느낌의 방식을 내가 이해해야 했다.

고립되고 자원이 없는 그녀에게 텔레비전은 세상과 소통할 수 있는 유일한 수단이었다. 그녀는 드라마를 좋아했고, 자신의 이야기를 드라마처럼 하고 싶어했다. 엄마를 잃고 매를 맞고 따돌림당한 기억은 '신데렐라 같은 이야기'가 되었다. 실제로 드라마 주인공인 양 들뜬 목소리였다. 나는 우리의 언어적 차이를 인정했고, 그녀가 꾸며 말하고 싶은 내용 너머의 진짜 이야기를 더듬어야 했다.

그녀가 생략하고 반복하는 이야기, 대중매체의 서사 틀로 하는 이야기가 실제 어떤 일을 가리키거나 감추는지 알아야 했다. 그 말이 가진 울림을 독자에게 최대한 잘 전달하기 위해서 그녀가 왜 그 단어를 선택했는지 짐작하고, 그 단어가 가리키는 뜻을 추측했다. 듣는 이로서 나는 겉보기에 평범한 말들의 속뜻을 파악해야 하고, 단절되고 도약해 버리는 말들을 독자가 이해할 수 있게 풀어내야 한다. 그 사람 삶에서 나온 것이기에 그 낯선 말을 듣는 법을 익혀 독자가 볼 수 있게 해야 한다.

"왜 이렇게 말을 못 알아들어요?" 그녀는 짜증을 냈다. 자기에게 당연한 일을 나는 몰라서 자꾸 물어 대니 하는 소리였다. 구박을 들어도 할 수 없다. 인터뷰가 마무리될 즈음, 하려다 만 말의 뜻이 이런 것 아니냐고 물으니까 그녀가 박수를 쳤다. "말을 잘 알아듣네요." 그녀의 욕구와 감정을 이해할 길을 하나 찾은 것 같아 기뻤다. 그녀는 처음과 다른 어조와 태도로 말하고 있었다. 말을 더듬거리지 않았고, 차분하게 나를 응시하며 내가 자신의 자리에 다가오기를 기다렸다. 그녀가 가진 예민함과 확고한 의지와 책임감을 만나면서, 나는 그녀가 자신의 세계에 내가 들어오도록 허락했다는 걸, 우리가 지금 경계를 넘어 대화하고 있다는 걸 깨달았다.

반면, 그 경계를 끝내 넘기 어려운 경우도 있다. 한국전쟁을 겪은 여성 노인을 인터뷰하러 갔을 때였다. 전쟁에 대한 질문이 이어 나오자 그녀가 갑자기 고함을 쳤다. "말하지 마! 듣기 싫어!" 나는 당황했다. 책으로 전쟁을 읽은 나와 몸으로 그 세월을 통과한 그녀 사이에 괴리가 있다는 걸 그제야 실감했다. 한국전쟁은 아직 그녀의 삶을 관통하는 상처였고, 공포와 전율을 불러일으키는 단어였다. 폭격에 죽은 시체를 목격한 일, 친구를 잃은 일, 총부리가 눈앞에 들이닥친 일…… 나는 상대의 머릿속을 점령한 기억을 볼 수 없었고, 더 다가갈 수 없었다. 물을 권리가 나에게 있을까? 묻지 않으면 어떻게 알 수 있단 말인가? 하지만 당사자가 침묵할 때 무슨 권리로 더 물을 수 있을까? 기록의 가치만으로 설득할 수는 없었다. 나는 더는 묻지 못했다. 예의가 아닌 것 같아서였다. 더 말할 수 없고, 물을 수 없는 경계에 맞닥뜨렸다.

경계에서 더 이상 말하지 않는 건 개인적 선택만이 아니라 침묵을 강요하는 사회적 분위기 탓도 있다. 이데올로기의 각축장이던 한국에서 남들처럼 말하지 않으면, 우리 편이 아니라고 분류되면, 어떤 취급을 받고 사회에서 배제되는지 사람들은 실제로 경험했다. 그 강렬한 경험이 여성들의 입을 막았다. 전쟁에 참전한 여성, 이념에 동조한 여성, 전쟁 속에서 폭력을 당한 여성의 이야기는 여전히 침묵 중이다. 듣는 이의 노력만으로 그 경계를 넘기 어려운 때가 있다. 그 경계는 한 사회의 금기로 인해 그어진 선이기 때문이다.

작가 조선희는 『세 여자』(한겨레출판, 2017)를 쓰며 역사에서 삭제당한 여성의 이야기를 복원하고자 했다. 주세죽, 허정숙, 고명자는 이제 인터뷰할 수 없는 20세기 여성 혁명가들이다. 주인공들의 배경이 되는 더 많은 여성이 경계에서 발언권을 얻지 못하고 사라져 갔다. 작가는 부족한 사료를 상상으로 메우며 이들의 빛나던 청춘과 용기를 소설이라는 형식으로 증언했다.

사회적 외상을 다룬 책 『내러티브 노출치료』는 "모든 사회에는 무슨 일이 일어났었는지 이야기하고, 그들의 경험을 후세와 대중에게 전달하고 싶은 개인들이 있다"고 말한다. 가정 폭력이나 국가 폭력 같은 심각한 사건의 생존자들은 심리적 외상을 겪는다. 외상 후 스트레스 장애로 고통받는 사람들은 자신들의 역사를 이야기할 수 없다. 생존자는 언제나 가해자나 방관자보다 불리한 처지에 놓인다. "가해자나 방관자는 대개 자신의 위치를 설명하는 데 어려움이 없다. 생존자들이 외상 사건을 처리하고 그들의 역사를 기록할 방법을 제공하는 것은 사회가 그들이 목소리를 되찾도록 돕는 방법이다." 책은 실제 칠레에서 시도된 '증언 치료'를 예로 들며, 생존자의 정신 건강을 증진시키며 "인권 침해 정권을 고발하는" 정치적 목적에 사용될 수 있는 기록의 방법을 제안한다.* 생존자 집단을 위한 이와 같은 접근은 폭력 피해 여성들의 경험을 인터뷰하고자 할 때 참고할 만한 사항이다.

듣는 이도 경계를 만난다. '더 들을 수 없다'는 경계 말이다. 그 경계는 사람마다 다를 것이다. 사회적 참사를 기록하던 한 지인은 그 기록을 개인적으로 중단한 이유를 토로했다. "인터뷰를 하고 나서 제가 그 참사 한가운데에 있는 꿈을 꿨는데, 공포가 너무 생생해서 작업을 더 진행할 수 없었어요." 덧붙여 이렇게 말했다. "말하는 이에 대한 비밀 유지나 보호는 강조하지만 기록자가 겪는 고통에 대해서는 아무런 대책이 없는 거잖아요?" 자신을 지키기 위해 작업을 그만둔 그녀를 보며 여러 생각이 들었다.

---

* 『내러티브 노출치료』(Maggie Schauer 외 지음, 최현정·박진미 옮김, 시그마프레스, 2014), 65~66쪽 참조.

말하고 듣는 자리에서 상대가 울면 슬픔이 전해져 같이 울기도 하고, 비통한 침묵이 감돌면 덩달아 말을 잃기도 한다. 나도 폭력을 당한 여성의 이야기를 듣고 나면 꿈속에서 내가 그 여성의 처지가 되기도 하고, 악몽을 꾸기도 했다. 듣는 이는 몸으로 침투해 오는 이야기와 감정에 영향을 받는다. 자아가 흔들리고, 안전한 경계가 무너지는 느낌마저 든다. 세상을 보는 시선도 바뀐다. 새로운 사실을 이해하고 타인의 삶을 공감해 내기 위해 사고방식이 조정된다. 필요한 일이지만, 그 과정에서 에너지가 소진된다면 버텨 낼 수 없을 것이다. 기록 작업은 가치 있는 일이다. 하지만 기록자의 공공적 역할을 생각한다면, 그 노동의 지속성과 안전을 위해 사회적 관심이 더 필요하다.

경계를 넘는다는 건 힘든 일이다. 다른 세계를 살펴보는 데는 진지한 노력과 에너지와 시간이 필요하다. 때로 자신이 아는 세계가 휘청거리는 위험도 동반한다.

별문제 없이 말할 수 있는 사람들은 말하기 어려운 상황에 놓인 이들의 고통을 알지 못한다. 그들이 속한 불평등한 위치의 문제점을 짚어 내지 못한다. 언제든 하고 싶은 말을 할 수 있는 위치에 있는 사람들은 말을 듣는 상황에 놓이는 것조차 불편해한다. 게다가 이들이 차별적인 생각에 사로잡혀 있을 때, 경계는 더욱 견고

하게 유지된다.

『불평등 트라우마』는 공감이 사회 집단 내에서 관계를 유지하게 하는 요소이며, 생존의 비결이라고 강조한다. 공감에서 발생하는 연민이 인간의 기본적 특징이라면, 공감의 상실은 잔인한 행동의 원인이 된다. 공감은 자신과 타인 양쪽 모두에 관심을 기울이는 일이며, 타인이 무엇을 생각하고 느끼는지 파악하고 적절한 태도로 대응하는 능력이다. "불평등으로 사회 전체가 공감 능력을 잃어감에 따라 집단 간에 벌어지는 격차와 사회적 거리를 연결하는 능력이 약화되고 있다. 함께한다는 감각과 가장 취약하고 목소리가 작은 사람들을 보호해야 한다는 의식도 점점 잃어 가고 있다."*

안전한 거리에서 타인을 관망하는 것이 아니라, 그의 이야기 곁에 가까이 다가가면 알게 된다. 한 사람의 이야기는 나의 이야기이자 우리가 함께 사는 사회의 이야기라는 것을. 기록자는 경계를 넘을 때의 불편함을 잘 견뎌 내고 기억해 두어야 한다. 기록자가 경계를 넘는 과정을 보여 주는 것은 독자 역시 이야기를 통해 자신의 경계를 넘을 수 있게 하는 발판이 될 수 있기 때문

* 『불평등 트라우마』(리처드 윌킨슨·케이트 피킷 지음, 이은경 옮김, 이강국 감수, 생각이음, 2019), 147~148쪽 참조.

이다.

낯선 이야기를 만나고 싶지 않다는 것은 미래에 대한 무력감에서 나온다. 변화할 수 없다고 생각하면 관심이 현재의 자기 자신에게만 쏠리고 타인을 배타적으로 대하게 된다. 이야기를 통해 상황이 바뀌고 한 발 나아갈 수 있다는 희망이 생기면 공포나 무력감을 극복할 수 있다. 타인의 이야기를 알고 싶어 하지 않고, 타인을 쉽게 경멸하는 사회 분위기가 인간의 가능성을 축소하고 세상을 살벌하고 잔인한 곳으로 만든다. 그곳에서 차별과 혐오가 조장된다. 변화를 위해 작업하고 있다는 믿음은, 듣는 이와 말하는 이 모두가 용기 내어 경계를 넘을 수 있도록 도와준다.

미국의 페미니스트 시인 에이드리언 리치는 〈장래의 이민자들이여 부디 주목하십시오〉라는 시에서 다음과 같이 노래했다. "당신은 이 문을 통과하든지 못하든지 할 것입니다. 만약 당신이 통과하더라도 당신의 이름을 기억하는 위험을 언제나 각오하십시오. 모든 것이 당신을 이중적으로 쳐다볼 것입니다. 그러면 당신은 뒤를 돌아보고 그런 일이 일어나도록 내버려두십시오."*

---

* 『문턱 너머 저편』(에이드리언 리치 지음, 한지희 옮김, 문학과지성사, 2011), 65~66쪽.

경계를 넘으려 할 때 '어떤 비용을 치를지' 우리는 알 수 없지만, 변화를 바라기 때문에 기꺼이 그 대가를 치르고자 한다.

듣는 이와 말하는 이는 공동으로 이야기를 만들어 간다. 마주 보고 앉아서 망설이고 속으로 재면서, 그러나 결국엔 서로를 믿으면서 말을 잇고 경계를 넘는다. 좋은 이야기에는 경계를 넘으려고 애쓴 흔적이 뚜렷이 담겨 있다. 여러 목소리들이 차이를 드러내고 섞이면서 차츰 공감의 폭도 넓어진다.

듣는 이가 거절당할지 모른다는 두려움을 무릅쓰고 용기를 내어 묻고, 말하는 이가 이해받지 못할 거라는 의심을 미루고 한 번 더 가능성을 여는 과정은 경계가 흔들리며 새로운 이야기가 만들어지는 과정이기도 하다. 가치 있는 기록은 이해할 수 없는 것을 서로 이해해 내려고 애쓰고, 경계를 넘어 보겠다고 결심한 사람들이 마주한 바로 그 자리에서 생겨난다.

독백

작가들은 자신이 하고 싶은 말을 작품 속에 숨겨 두었다는 말을 종종 한다. 작품의 표면적인 이야기 뒤에는 숨어 있는 주제가 있다. 주제 의식은 눈에 바로 띄지는 않지만, 작품 전체를 관통하고 있다. 주제 의식은 작품을 구상할 때부터 작가의 마음속에 뚜렷한 경우도 있지만, 작품을 써 나가며 조금씩 명료해지는 경우도 있다. 무언가에 관해 쓰고 싶다는 바람이 있어야 작업을 시작할 수 있다. 하고 싶은 말을 글로 표현하고 싶다는 욕구는 긴 시간 동안 작업에 집중할 수 있게 해 준다. 주제는 작품의 중요한 요소이며, 작가가 세상을 보는 관점과 지향이 담겨 있다. 그 숨겨진 주제를 작가의 독백이라고 불러도 좋겠다. 독백은 작가가 사람과 세상을 관찰하게 하는 동력이며, 진실에 가닿기 위해 속으로 계속 던지는 질문이자 답이다.

인터뷰어에게도 다루고 싶은 주제가 있다. 주제에 따라 어떤 질문을 할지 인터뷰를 하기 전에 대략적으로 정해 놓는다. 그다음에 자신이 관심을 갖고 있는 주제에 대해 말해 줄 수 있는 사람을 찾는다. 그러고는 어떤 흐름으로 무엇을 물을지 질문의 세부 목록을 작성한다. 질문의 내용은 목적에 따라 다르다. 기록자는 자기 삶에서 중요했던 일이나 관심을 가지고 있는 주제와 관련된 이들을 지속적으로 만나 인터뷰를 해 나간다.

인터뷰는 준비에서 만남, 글의 작성에 이르기까지 시간과 품이 많이 드는 일이다. 기록자가 자신이 쓰고자 하는 주제에 관해 명료히 알고 있다면 작업을 원활하게 진행하는 데 도움이 된다. 진행이 순조롭지 않을 때 동기나 목적, 주제를 생각하면 방향을 잡을 수 있다. 또 녹취를 정리하거나 글을 작성할 때도 처음 이 작업을 하고자 했을 때 관심을 둔 주제의 방향을 생각하면 일을 원만하게 진행할 수 있다.

나는 주로 여성들을 만났고, 글에서 여성의 삶을 많이 다뤘다. 여성을 중심으로 노동, 가족, 성, 폭력, 문화에 관한 내용들을 고민하고 기록했다. 개인적으로는 내가 성장하면서 실제로 경험하고 문제의식을 가지고 있던 것들을 다시금 고민하는 계기도 되었다. 당장 일상에서 겪는 불편함에 이름 붙이기 어려워 곤혹스러웠는데, 다른 여성과 이야기하면서 나의 문제에 정확한 이름을 붙일 수 있었고, 나와 그녀들의 상황을 객관화해 볼 수 있었다.

한국 사회에서 여성의 일, 가족, 섹슈얼리티 같은 영역을 나누지 않고 아울러 표현하고, 미약하게나마 어떤 변화가 필요한지 말하고 싶었다. 한 여성에게 너무 많은 책임을 부과하는 사회에서 여성이 평등하고 건강하게 살아가려면 어떤 노력을 해야 하는지, 사회 구조가 어떻게 바뀌어야 하는지에 초점을 두어 작업해 왔다.

그런데 주제 의식은 실제 인터뷰 자리에서 당사자의 생생한 삶의 이야기를 들으면서 막연하거나 추상적으로 느껴질 때가 있다. 준비해 간 어떤 질문은 그 자리에 맞지 않았고, 어떤 질문은 그 자리에서 바꾸어야 했다. 아주 구체적인 이야기를 하는 여성들에게 내 질문은 성길 수밖에 없었다. 당사자를 직접 만나 이야기를 들으면서 질문에 살이 붙고 주제 의식도 점차 구체성을 띠게 되었다.

어떤 이야기를 들을지 아무리 예상해도 대개는 그것을 넘어서는 의외의 답변들을 듣곤 한다. 그 이야기들은 내가 가진 생각을 바꾸기도 했고, 주제에 더 천착할 수 있게 해 주기도 했다. 주제와 바로 연관되지 않은 듯한 답변이라도 얼마나 들을 수 있느냐에 따라 더 입체적인 작업의 결과물을 얻는 경우도 있었다. 반대로 사전에 준비한 질문을 기계적으로 묻고 그 질문에 제한된 답만을 듣는 경우는 별반 새롭지 않은 결과물을 얻을 수밖에 없었다.

종종 내가 묻고 싶은 이야기와 당사자가 하고 싶은 이야기 사이의 거리를 느낀다. 특정 주제를 다룰 때, 인터뷰어는 한정된 시간 동안 이야기를 들어야 하기 때문에 주제와 관련된 답변을 집약적으로 듣기를 원한다. 그러나 말하는 이는 더 넓은 자기 경험의 스펙트럼을 가지고 있기 때문에 인터뷰어가 원하는 답변만 하지는 않는다. 주제와 비켜난 답변을 하거나, 다른 관심사로 화제를 돌리거나, 중요한 대답을 의도적으로 피할 때도 있다. 질문하는 이가 자신이 품은 주제 의식을 놓치지 않으면서 어떻게 다양한 답변과 관점을 아울러 연결해 낼 수 있는지에 따라 다채로운 가능성이 열린다.

강의할 때 자주 나오는 질문이 있다. "내 질문에 대해 답을 제대로 하지 않으면 어떡해요?" "내가 듣고 싶은 말은 따로 있는데 상관없는 답변을 길게 늘어놓으면 어떻게 해요?" "나한테 이야기를 잘 해 줄까요? 침묵하고 있으면 어떡하죠?" 인터뷰를 처음 하는 사람은 상대가 글의 주제에 적합한 이야기를 잘 해 줄지 염려한다. "저는 힘들게 살아온 사람을 만나면 계속 울 것 같아요." "제가 그 사람과 같은 입장이라는 걸 솔직히 이야기할 거예요." 이런 의견도 제시하지만, 말하는 이가 듣는 이와 다른 상황에 있는 경우 그런 방법이 별로 효과가 없을 수 있다. 이런 의견에는 말하는 이가 듣는 이와 비슷한 감정을 느끼고 행동할 거라는 전제가 깔려 있다. 당연히 그렇지 않은 경우가 훨씬 더 많다.

묻는 이가 자기감정에 비추어 상대의 반응을 짐작하는 일을 경계해야 한다. 상대는 다른 경험을 한 엄연한 타자다. 인터뷰를 거듭하다 보면 이런 자기중심성에서 벗어날 수 있다. 하지만 주제 의식까지 포기해서는 안 된다. 다른 사람의 경험을 제대로 듣고 기록하려면 역설적으로 자신의 문제의식과 주제 의식을 인터뷰의 처음부터 끝까지 견지해야 한다.

인터뷰어가 무엇을 이야기하고 싶어 많은 사람 중 한 사람을 선택했고, 그의 이야기를 듣고 있는지 스스로 잘 알고 있어야 한다. 그것이야말로 누구도 대신해줄 수 없는 그만의 몫이다. 인터뷰에서 일어날 수 있는 갈등 상황이나 어려움을 헤쳐 나갈 힘도 묻는 이가 가지고 있는 주제 의식에서 나온다. 사회의 자장 안에서 작동하는 묻는 이의 욕망과 주제 의식은 말하는 이라는 타자를 만나 그의 이야기를 들으면서 어느 정도 영향을 받고 바뀔 수 있다.

『그래, 엄마야』라는 책의 서문에는 기록자들이 겪은 고민과 변화 과정이 잘 나타나 있다. 비장애인 여성들이 발달 장애인 자녀를 둔 어머니의 목소리를 기록하기로 한 건 모험 같은 일이었다. 사회에 발언권을 가지지 못한 목소리에 주목해 기록하기 시작하면서 기록자들은 "왜 이 어머니들은 발달 장애인 자녀의 이야기를 넘어서 자신의 삶에 대한 목소리를 낼 기회를 가지지 못하는 것일까"라는 문제의식을 가졌다. 어머니들이 개인으로서 자아를 드러낼 수 있는 질문도 준비했다. 하지만 실제 인터뷰에서 예상한 답변은 나오지 않았다. 어머니들의 답변은 아이와 분리되지 않았다. 그것이 그들의 현실이었기 때문이다.

발달 장애인 자녀를 둔 어머니들이 처한 특수한 현실을 간과했던 것이다. 기록자들은 주제 의식에 적합한 답을 얻지 못한 대신, 그 과정을 통해 "어머니들이 지금 서 있는 풍경을 그녀들의 목소리를 통해서 구체적으로 그려 보는 것" 자체가 의미 있다는 걸 깨닫는다. "매일을, 매 순간을 진동하며 살아온 삶이 건져 올린 진실이 빚는 감동"을 기록하는 게 중요하다는 걸 알게 된다.* 그래서 인터뷰 작업을 시작하기 전에 가진 주제 의식은 현실의 삶을 만나 새로운 답을 찾고 다른 질문으로 바

* 『그래, 엄마야』(전국장애인부모연대 공동 기획, 인권기록활동네트워크 '소리' 지음, 오월의봄, 2016), 5~11쪽 참조.

뀌었다.

인터뷰에서 주제 의식, 즉 독백이 끊임없이 바뀌는 데에는 말로는 다 알 수 없는 상대의 삶 자체에도 원인이 있다. 오카 마리는 어떤 사람의 삶을 이해하려면 그 사람이 한 말을 곧이곧대로 해석하면 안 된다고 경고한다. 왜냐하면 그 말은 삶에서 나오는 것이고, 삶은 단순하고 인습적인 언어로는 완전히 담아낼 수 없는 깊이와 다양함을 가지고 있기 때문이다. 오카 마리에 따르면, 언어는 실제 있었던 일과 어긋나고, '사건'과 언어 사이에는 끝없는 괴리와 단절이 있다. 그 단절 속에 '사건'의 진실이 숨어 있다. 평범하고 진부한 말로 표현될지라도, 인터뷰어는 한 사람이 실제 겪은 일과 아픔을 상상할 수 있어야 한다.

실제 체험은 말끔하게 표현되는 게 아니라, 단편적이고 조각나 있다. 설명할 수 없는 사건, 억압된 기억은 아예 말로 등장하지 않는다. 이렇게 언어로 설명할 수 없는 '사건'이 있는가 하면, 한 사람이 느낀 대로 재현하는 게 불가능한 현실도 있다. 듣는 이는 겪은 이의 말을 들을 때 몇 겹의 매개를 거쳐 그에게 일어난 진짜 '사건'을 짐작한다.*

인터뷰어에게 끊임없는 독백이 필요한 이유는 자신이 듣는 것이 전부가 아니고, 자신이 표현하려는 타인의 삶을 매끄럽게 정리하기란 애초부터 불가능하기 때문이다. 이야기의 조각들을 신중하게 선택하고 취합하고 재배열해야 하며, 자신이 하고 싶은 이야기에 대한 욕망 때문에 인터뷰이의 이야기를 소외시키면 안 된다.

묻는 이는 자신의 주제 의식과 자신이 이해한 내용을 계속 성찰하며 작업해 나가야 한다. 현실과 맞지 않은 생각은 바꾸어야 하고, 자신의 이야기를 인터뷰이의 이야기보다 앞세우면 안 된다. 어디까지나 말하는 이의 이야기를 통해 기록자의 주제 의식도 전달되는 것이다. 인터뷰어가 오랫동안 품고 있던 질문과 인터뷰이가 들려주는 새로운 답변이 어우러져 글의 주제가 만들어진다.

그 새로움에 자리를 내주기 위해 묻는 이는 여러 가지 시도를 한다. 상대의 말을 신중하게 경청하는 것은 물론이고, 세부 질문을 남몰래 고쳐 간다. 때로 상대가 말하고 싶어 하는 대로 진행하는 비지시적인 방법도 시도해 본다. 주제 의식이 새로운 경험과 해석을 통해서만 목소리를 얻고 설득력을 가진다는 것을 알기 때문이다. 주제 의식은 인터뷰 과정에서 그 방향이 바뀌고

---

* 『기억 서사』(오카 마리 지음, 김병구 옮김, 소명출판, 2004), 74~88쪽 참조.

영향을 받을 수 있다. 하지만 기록자의 주제 의식은 그 모든 다름을 선명히 인식하기 위해 한편으로 굳건해야 한다. 이러한 태도가 작업을 해 나가는 데 강력한 동력이 된다.

인터뷰집을 내고 나면 나는 사람들의 소감이 궁금하다. 가장 궁금한 것은 책을 작업하면서 처음부터 끝까지 내가 품은 질문을, 그리고 내 나름대로 찾은 답변을 독자들도 찾고 느꼈는지다. 그 질문과 답변은 굳이 따로 서문 같은 곳에 써 놓지 않으면 책 자체에서 드러나지 않는 경우가 있다.

『백화점에는 사람이 있다』(그린비, 2016)는 백화점 여성 노동자의 노동 조건을 다룬 책이다. 내가 이 책을 쓰기로 결심한 가장 큰 동기는 잇달아 자살로 생을 마감한 백화점 여성 노동자들의 존재였다. 나는 그들이 죽은 이유를 책에서 최대한 설명하고 싶었다. 다른 여성 노동자들의 목소리와 더불어 내 목소리를 담으면서 우리 모두가 먼저 간 여성 노동자들의 목소리를 대신 내 주고 있다고 여겼다. 그것이 내가 숨겨 놓은 독백이었다. 쓰면서 어떤 생각을 많이 했느냐는 기자의 질문에 나는 이렇게 대답했다.

"살아남아서 증언할 수 있는 노동자들 뒤에 실제로 그 노동을 견디지 못하고 돌아가시거나 병든 분들이 있는 거잖아요. 이런 분들은 침묵 상태고요. 그래서 저는 이분들이 말하지 못한 이야기가 뭘까 많이 생각했어요. 또 이런 표현은 좀 그렇지만 이분들이 유언을 남긴다면 세상에 어떤 증언을 하고 싶을까 생각하면서 작업을 했던 것 같아요."*

드물게는 책의 기획 의도나 표면적인 주제와 상관없이 기록자가 절실한 마음으로 독백한 내용이 책에서 많은 내용을 차지하거나 강렬한 느낌을 전달하기도 한다. 하지만 그랬을 때 결과가 꼭 좋은 것만은 아니어서, 기록자의 독백은 대개 글의 전체 흐름을 해치지 않게 숨겨져 있다.

기록자의 질문은 그의 관심사를 보여 주지만 그의 한계를 드러내기도 한다. 질문이 상대의 답변을 아우르지 못할 때도 있다. 묻는 이와 말하는 이의 삶에는 차이가 존재하므로, 묻는 이는 둘 사이에 존재하는 다름을 의식하며 질문들을 조금씩 변주한다. 그런 점에서 인터뷰어의 독백은 끊이지 않는 웅얼거림이다. 묻고 대답을 듣는 과정에서 확신이 생기면 목소리가 높아지기도 하고, 예상치 못한 어긋남 앞에서 위축되기도 하고, 잠시

---

* 「백화점이라는 공간 속, 사람들은 보지 않아」(〈문화웹진 채널예스〉, 신연선, 2016. 9. 29).

끊겼다가 다시 시작되기도 한다.

인터뷰를 한 편의 글로 완성하는 것도 의미 있지만, 다른 이와 소통하며 나의 질문이 한 뼘씩 성장하는 것을 확인하는 일 또한 의미가 있다. 독백은 나와 타인과 세상의 연결점에 대해 묻고, 그 모두의 변화 가능성을 믿어 보는 일이다.

독백은 나의 관점, 나의 질문이 담긴 작은 거울이다. 독백을 통해 타인의 모습이 나타났다가 사라진다. 거울에서 타인의 말이 들려온다. 만약 세상 모두를 비출 수 있는 거대한 거울이 있다면 누군가의 삶의 궤적을 빠짐없이 따라갈 수 있을지 모른다. 그러나 내가 지닌 조그만 거울은 그런 능력이 없다. 좁은 면적으로 상대의 일부를 비춰 보여 줄 뿐이다.

듣는 이는 자신의 눈에 비친 상대의 모습만을 본다. 몇 겹의 반사를 거쳐 닿은 실루엣을 더듬으며 자기식으로 다시 그려 낸다. 질문과 답이 뒤엉켜 만들어지는 독백이라는 프레임은 인터뷰이의 경험에 인과관계를 되살리고, 이를 토대로 이야기를 구축한다. 인터뷰만으로는 말하는 이의 삶이 재구성될 수 없지만, 인터뷰어의 주제 의식이 그것을 해낸다.

인터뷰어의 주제 의식은 하나의 가정이고 질문이라는 점에서 아직 한계가 분명하다. 하지만 그러한 주제 의식에서 출발해 만남이 성사되고, 서로 감정을 나누고, 주고받은 이야기가 문자로 새겨지는 과정을 거치면서 생명력을 부여받는다. 사회의 불평등에 대한 비판이든, 억압에 대한 토로든, 더 나은 체제를 지향하는 꿈이든, 주제 의식이라는 관점으로 상대를 보면 얼핏 평범해 보이던 말이나 태도도 강한 동기를 가지고 자기 목표를 추구하고 있음을 알 수 있다. 그 과정에서 한 사람의 고유하고도 특징적인 모습이 그려진다. 묻는 이의 주제 의식이 담긴 기록은 독자들을 세상에서 소외되었던 한 사람을 이해하는 길로 이끈다.

묻는 이의 독백과 그 너머 대답하는 이의 독백은 말들이 오가는 관계를 만든다. 세상을 향한 질문과 주제 의식이 저마다 다르기에 사람들은 고유하고도 다르게 만날 수 있다. 마치 조각난 거울들이 자기만의 빛을 뿜으며 세상의 한 조각씩은 정직하게 옮겨 담을 수 있는 것처럼.

두말할 것 없이, 기록자가 작업하는 동안 독백은 그를 추진하는 힘이다. 자기에게 함몰되지 않고, 타인과 세계를 만나게 하는 힘이다. 또한 자기 한계를 온전히 드러내는 독백에는 타인과 세계를 정직하게 비출 수 있는 가능성이 있다. 이야기를 통해 우리는 낡은 자신을 벗어나 새로운 자신을 만나기를 시도한다. 다른 생각을 하고, 다른 질문과 답을 속으로 되뇌지만, 우리는 서로의 모습에 비친 자신의 낯선 얼굴을 본다. 서로 다른 당신과 나는 끝없이 손을 뻗는 말을 함으로써 서로를 어루더듬을 수 있다. 부디 우리의 어눌한 독백이 멈추지 않기를.

진실

듣고도 쓰지 못한, 가슴에 묵직하게 걸려 있는 말들이 종종 떠오른다. 차마 글로 쓰지 못한 이유는 말해 준 이가 그 내용이 세상에 알려지기를 원하지 않았기 때문이다. 안정되고 잘 정리된 집, 깔끔하게 자리 잡은 세간들, 사랑하는 사람들. 그 모든 것을 지키기 위해 말을 더 하지 않는 게 낫겠다고 그녀는 말했다. 과연 그럴까, 나는 생각해 본다. 그 말을 하면 자신을 둘러싼 모든 것을 정말 잃게 될까. 알 수 없는 일이다. 모든 것을 걸고 숨기는 비밀의 무게를 나는 모른다. 그 비밀의 엄청난 무게를 견뎌 내야 하는 그녀의 얼굴을 본다. 헤어지고 나서도 그 얼굴이 머릿속에서 떠나지 않는다.

말할 수 있는 것과 말할 수 없는 것 사이에 선명하게 선이 그어져 있다고 생각할 때 진실은 말로 표출되지 않는다. 기억을 잘못 건드리면 감정이 지뢰처럼 터져 자신을 산산조각 낼 거라고 여길 때 진실은 더 깊이 숨어든다. 자신의 경험을 들키면 남들이 어떻게 판단할지 지레 가늠하여, 소리 내어 말할 일과 숨죽여 삼킬 일을 나눈다. 세상에 맞서 스스로를 지켜야 한다며 방어벽을 두껍게 쌓는 것은 자기 진실이 세상에 받아들여지지 않았기 때문이다. 때로 부모도 형제도 친구도 모르는 자리에서 혼자 얼마나 아팠는지, 그 아픔에 이름 붙이지 못해 얼마나 쩔쩔맸는지, 자신의 아픔을 알아주지 않는 사람들과 세상을 얼마나 원망했는지는 그냥 삼켜 버리고 만다.

진실은 변화를 일으킨다. 진실을 말하고 나면 지금과 똑같은 삶이 이어지지 않는다. 세상은 정직하고자 한 이들에게 대가를 요구한다. 진실을 밝히는 것은 주변 사람들이 자신에 대해 가지고 있던 환상을 깨뜨리는 일이다. 진실을 감추고 사는 것도 고통스럽지만, 진실을 말했는데 이해받지 못하고 고립되는 현실도 아프다. 그래도 사람들은 진실을 말하려 애쓴다. 누구인 척하고 사는 게 아니라, 자기 자신으로 살아가고 싶기 때문이다. 몸에 새겨진 주름과 흉터처럼 자신이 겪은 일들을 긍정하기 위해서다. 자신이 살아온 삶의 궤적을 존중받기 위해서다. 타인의 요구에 따라 시늉으로 사는 게 아니라 자신이 선택한 삶을 살아가기 위해서다.

여성들은 정상으로 보이기 위해 애쓴다. 사회의 기준으로 정상에서 벗어나면 어떻게 배제되는지 잘 알고 있다. 자신과 다를 바 없는 일을 겪은 여성들을 대중 매체가 어떻게 보도하고 대중이 어떻게 평가하는지 날마다 목격하기 때문이다. 그래서 나도 저이와 같은 폭력을 당했다고 말하지 못하고, 나도 '정상'이 아니라고 말하지 못한다. 당신들이 기대하는 착한 여자로 자라지 않았다고, 단란한 가족사진 속의 주인공들처럼 행복한 집에서 살지 않았다고 말하지 못한다.

생각과 경험을 속에만 눌러 둘 때 불안은 더 커진다. 자신과 타인 사이의 격차가 더 강고해지기 때문이다. '저 사람들은 나의 진짜 모습을 모른다. 모르기 때문에 나를 사랑하는 것일까?' 또는 '나는 저 사람들이 손가락질하는 그들처럼 되면 안 된다.' 폭력을 당하고, 더럽혀지고, 구제 불능인 그들, 우리와 다르고 우리를 불편하게 하는 그들. 그들은 도대체 누구일까?

영국의 기록문학 작가 캐롤라인 무어헤드는 『아우슈비츠의 여자들』이라는 책에 아우슈비츠에서 돌아온 여성들이 겪은 고통을 다루었다. 생존자 여성들은 자신들이 겪은 엄청난 일을 묘사할 언어를 찾기 힘들어했다. 그녀들은 자신이 겪은 일을 말하고 싶었지만, 가족조차 듣고 싶어 하지 않았다. 그들은 침묵에 빠졌다. 살아남았지만, 자기 자신이 아니라 "비존재로 세계 속을 떠다니는 유령"이 된 것 같았다. 그들은 같은 경험을 한 다른 여성들과 대화할 때 유일하게 자신으로 돌아갈 수 있었다. 그들 사이의 우애가 그들을 지켜 냈다. "바닥까지 내려간 야만성 속에서" 살아 돌아올 수 있었던 것은 그들이 서로를 포기하지 않은 덕분이다. 그녀들은 인간의 바닥을 겪었을 뿐 아니라 동시에 인간이 얼마나 위대해질 수 있는지도 깨달았다. 세상에 대한 관심이 커지고, 다른 이들이 겪는 고통까지 뚜렷이 의식하게 된 건 자신의 체험에서 비롯한 것이었다. 기억은 과거가 아니라 언제나 현재형이었다. 생존자 샤를로트는 "나는 그 곁에 산다. 아우슈비츠는 거기에 있다. 변하지 않은 채로, 정확하게, 기억의 피부 속에 봉인되어"라고 말했다.*

'우리'와 '그들'의 이분법에 갇혀 한쪽을 정상이라고 인정하고 나머지는 비정상이라며 배제하면서, 사람들은 인간이 가진 가능성을 빠르게 잊어 간다. 파괴적인 고통 속에서도 서로를 복원해 내고, 우정과 연대 속에서 성장할 수 있는 인간의 가능성도 잃어 간다. 차별적인 문화는 차별받는 이들 안에서도 위계를 만들어 낸

---

* 『아우슈비츠의 여자들』(캐롤라인 무어헤드 지음, 한우리 옮김, 현실문화, 2015), 467~480쪽 참조.

다. 인터뷰를 할 때 간혹 같은 이름으로 묶이는 집단 안에서도 서로 위계를 지으며 갈등이 일어난다는 말을 듣는다. “네가 우리를 대표해서 세상에 말할 자격이 있어?” “넌 나보다 더 가졌고 내가 더 아프니까 넌 말할 자격이 없어.” “난 너 같은 경험은 안 했어. 난 너랑 달라.” 인터뷰이는 말을 하면서도 동료들의 질시와 비난을 떠올리며 괴로워했다.

누가 더 사회에서 인정받을 수 있는 피해자인가? 누가 더 전형적인 피해자의 모습을 가지고 있는가? 권리를 되찾기 위해 발언하지만, 이들은 때로 자신이 속한 집단 안에서조차 의심의 눈초리를 받는다. 진실은 누가 말할 수 있을까? 어떤 상처가 진짜 상처인지, 어떤 상처가 다른 상처보다 우위에 있는지, 어떤 상처가 대중의 관심을 끌 수 있을지 경쟁하는 이유는 그만큼 사회의 잣대가 편협하기 때문이다. 그 잣대에서 벗어나야 제대로 된 이야기를 시작할 수 있다.

미국의 레즈비언 작가인 도로시 앨리슨은 자신이 누구인지 다른 사람들의 기준에 맞추지 않고, 심지어 자신이 속한 페미니스트 그룹의 기준에도 맞추지 않고, 자신의 다름을 긍정하며 있는 그대로 말하기까지 어려움을 겪었다고 고백한다.

“나는 가난하고 혐오스러운 아이로, 신체적이고

정서적이고 성적인 폭력의 희생자로 자라났다. 고통을 겪는다고 사람이 고귀해지지 않음을 안다. 고통은 사람을 파괴한다. 파괴나 자기혐오, 평생을 따라다니는 절망에 저항하려면, 우리는 경멸받는 습관을 벗어던져야 한다. 그토록 부정적으로 치부되는 그들이 될지도 모른다는 공포를 벗어던져야 한다. 거짓말을 늘어놓는 신화와 손쉬운 도덕을 거부하고, 우리 자신을 인간으로, 흠이 있고 정상이 아닌 인간으로 바라보아야 한다. 우리는 모두—정상이 아니다."*

정상성의 자리를 차지한 하나의 이름은 실제 현실에 있는 다양한 이름을 억압한다. 그 다양함을 비정상이라고 매도하며 권리를 박탈하려고 한다. 그러나 아무리 애써도 그 정상성에 한 치도 어긋남 없이 들어맞는 삶은 없다. 사회가 요구하는 각본에 맞춰지지 않는 자신의 구체적인 이야기들을 해내야 한다. 아무리 틀에 맞추려 해도 그렇게 되지 않는 삶을 이야기해야 한다.

이름이 붙여지는 존재가 아니라 자기 삶을 호명하려는 여성은 자신의 이야기를 어떻게 말하고 해석할지 판단한다. 그런 뒤에 자신의 소수자성으로 볼 수 있는

---

* 『사회주의 페미니즘』(낸시 홈스트롬 엮음, 유강은 옮김, 따비, 2019), 102~103쪽.

세계를 적극적으로 피력함으로써 세상의 관습과는 다른 이야기를 해 나갈 수 있다.

가부장적 규범과 기대가 반영된 이름과 역할들 밑에 무수한 여성의 진짜 삶과 이야기가 감춰져 있다. 여성들이 제각기 자신의 진실과 무엇을 위해 싸워 왔는지 이야기할 수 있다면, 미래의 여성들에게 더 많은 가능성이 열릴 것이다.

자활지원센터에서 일하는 한 여성을 만났다. 그녀는 열다섯 살에 성매매에 유입돼서 스물여덟 살 때까지 성매매 업소에 있었다. '나는 정말 필요 없는 존재구나' 절망하다가 우연히 센터를 알게 되었다고 했다. 남들이 성인으로서 한창 경제 활동을 할 나이에 그녀는 버스 타는 법부터 새로 익혀야 했다. 그녀는 활동가들의 지원을 받으면서 변해 갔다. 몇 년 동안 곁에서 자신의 말을 믿어 주고 지지하는 여성들 덕분에 자신도 꿈을 꿀 수 있고 이룰 수 있다는 믿음이 생겼다. 그 후 그녀는 활동가가 되어 이제 다른 여성들의 자활을 돕고 있다. 활동을 계속할 수 있는 원동력이 무엇인지 묻자 그녀는 잠시 생각하다가 대답했다.

"아이 낳을 때 그런 생각이 들었어요. 내가 이 아이한테는 참, 부끄러운 엄마가 되고 싶지 않다, 나중에 혹

시라도 우리 아이에게 이런 얘기를 할 날이 올지는 모르겠지만, 그래도 아이한테만큼은 자랑스러운 엄마였으면 좋겠다. 아마 그때 마음을 굳혔던 것 같아요. 이 아이한테 정말 떳떳한 엄마, 자랑스러운 엄마이고 싶다는 생각이 나를 있게 한 원동력인 것 같아요."

목소리는 떨렸지만 당당하게 말하는 태도에서 깊은 인상을 받았다. 그녀는 자신의 과거를 외면하지 않고, 자신의 처지를 남과 비교하지 않고, 상처를 변화의 동력으로 삼으며 다른 여성들을 만나고 있었다. "제가 꿈꾸는 건 공동체가 함께 살아 나가는 거예요. 누구도 배제당하지 않고 온전히 우리의 삶으로 함께할 수 있는 곳이면 좋겠어요. 아주 먼 미래가 되겠지만." 그녀는 누구도 배제하지 않고 경쟁과 차별이 아닌 시선으로 세상을 보겠다고 다짐했다. 그 이야기를 들으며 나는 거인을 느꼈고 글에 그렇게 썼다.* 그리고 언젠가 그녀의 아이가 엄마의 이야기를 듣고도 엄마를 여전히 사랑하기를 바랐다.

여성이 변방에 소외되었던 경험의 힘으로 세상의 진실을 전하는 데 앞장서는 거인이 된 경우가 또 있다.

---

* 『언니, 같이 가자!』, 14~34쪽 참조.

일본의 미나마타병 사건에 관해 기록한 『슬픈 미나마타』의 작가 이시무레 미치코가 그 주인공이다. 그녀는 공장 폐수로 인한 수은 중독 피해자들이 사는 마을의 이웃 주민이었다. 작가는 병상에서 자신을 바라보는 사람들의 절망스러운, 그러나 여전히 자존감을 잃지 않은 모습을 보면서 그 이야기를 받아썼다. 그런데 환자가 말로 표현하지 않은 생각까지 소설적으로 썼다는 점에서 일반 취재 기록과 다른 방식으로 완성한 책이다.

작품 해설에서는 이렇게 설명한다. "이시무레 미치코가 『슬픈 미나마타』에서 붕괴되고 찢겨진 환자와 그 가족들의 의식을, 충실한 취재 기록 같은 것을 거치지 않고도, 자신의 상상력의 사정거리 안에서 그려 낼 수 있었던 것은 그 분열과 붕괴가 그녀의 유년시절에 경험했던 그것과 너무 닮아 있었기 때문이다. (……) 작가가 말하고 싶은 것은, 가정의 경제적인 몰락이나 아버지의 술주정이나 할머니의 광기와 같은 현상적인 비참이 아니라, 그런 비참한 현실의 밑바닥에서 갈가리 찢긴 사람들의 영혼이었다. 한 사람의 영혼이 절대 다른 영혼과 만나는 일이 없도록 만들어진 이 세상, 말이란 말들이 자신의 아무것도 표현해 내지 못하고, 상대방의 그 어떤 것도 전달하지 못하고 사라져 버리는 이 세상, 자신이 세상에서 떨어져 나와, 도저히 그 속에서 어울릴

곳이라곤 찾아볼 수 없을 것 같은 이 세상, 어린 소녀의 눈에 비쳤던 것은 그런 세상이었다."* 자신의 경험과 비슷한 아픔을 가진 이들에 대해 작가는 경계를 넘는 유대감을 느끼고 이를 언어로 풀어낸 것이다.

진실을 말하는 것은 힘들지만, 한번 발화된 진실은 세상의 또 다른 진실을 건드리고 일깨운다. 소수자들이 이 세계의 진실을 이야기할 때, 새로운 변화와 연대가 시작될 수 있다.

역사학자 거다 러너는 여성이 그동안 규정하는 힘을 부정당했다고 말한다. 여성은 늘 역사에서 행위자였지만 기록된 역사에서 배제당했다. 여성들이 살아 낸 이야기를 들려주는 과정에서 과거는 현재와 미래의 일부가 된다. 인간은 경험하고, 경험한 것을 말하고, 그 경험에 새로운 형태를 부여한다. "그 새로운 형태는 다음 세대들이 삶을 경험하는 방식에 영향을 주고 그것을 구체화한다." 이야기는 그 자체로 구체적인 현실이 되어 우리에게 다가오기 때문에 중요하다.**

---

* 『슬픈 미나마타』(이시무레 미치코 지음, 김경인 옮김, 달팽이, 2007), 297~316쪽.

** 『왜 여성사인가』(거다 러너 지음, 강정하 옮김, 푸른역사, 2006), 395~401쪽 참조.

여성들은 아직 충분히 말하지 못하고 있다. 하지만 그녀들은 무엇이 진실인지 이미 알고 있다. 그렇기에 “이건 비밀인데…… 아무에게도 말하면 안 돼요” 하면서도 끊임없이 속삭인다.

고백하건대, 그 자리에서 듣고도 쓰지 못한 내가 비겁하고 무력하게 느껴질 때도 있었다. 하지만 언젠가 그녀는 자신의 삶을 지키기 위해 다른 선택을 할지도 모른다. 모든 것을 잃을 각오로 진실을 말할 때가 올지도 모른다. 사랑받으려고 애쓰던 자리에서 떠날 때, 열어서는 안 되는 벽장의 문을 열어젖힐 때, 그녀는 모든 사실에 이름을 새로 붙일 수 있을 것이다. “행복하지 않았다, 나는!” 하고 외치며 달려갈 것이다. 그녀들이 어디든 달려가 그곳에서 아주 오래오래 울 수 있으면 좋겠다. 아주 오래오래 웃을 수 있으면 좋겠다. 안고 싶은 것을 힘껏 얼싸안을 수 있으면 좋겠다. 그때 나에게 당신의 이야기를 다시 한 번 꼭 들려주면 좋겠다. 당신을 내쫓고도 찾지 않은 어리석은 우리를 위해. 당신이 달려간 곳에 아직 당도하지 못한 우리를 위해.

광장

인터뷰는 단둘이 만나는 자리다. 그곳에서 서로만이 기억할 수 있는 이야기와 몸짓과 눈빛을 나눈다. 두 사람이 몸을 마주하고 한 공간에 머무른다. 그래서 마음에 있는 이야기를 집중해서 깊이 다룰 수 있다.

이따금 신기한 체험을 한다. 말하는 이의 기억이 과거와 현재를 넘나들며 다채롭게 펼쳐지면서 듣는 이를 압도하는 것이다. 이야기에 나오는 낯선 장소에 나도 가 있는 것 같고, 이야기에 등장하는 사람을 내가 직접 만나고 있는 듯한 느낌이 든다. 세월이 흘러도 변치 않고 간직된 생생한 감정 앞에서 타인의 마음과 일체가 된 듯한 느낌에 빠지는 것이다. 새로운 이야기는 주변의 상황을 잊게 하고 듣는 이를 몰입하게 한다.

한 번도 남에게 말하지 않았다는 이야기들이 발휘하는 힘이 있다. 한 노인은 내 앞에서 처음 하는 말이라며 속을 털어놓았다.

"아버지가 병으로 일찍 돌아가서서, 10대부터 여

공으로 일하면서 가장 노릇을 했어. 저녁에 출근해서 열두 시간을 일했어. 저녁 일곱 시에서 아침 일곱 시까지. 공장 앞에 고등학교가 있었어. 여름에 일곱 시면 한낮이지. 그날도 우리는 일하면서 밤을 새워야 했는데, 잔디밭에 사람들 와 가지고 막 앉아 놀고 이러면 아휴, 참 그게 부러운 거야. 내 자리가 유리창 가에 있기 때문에 그게 잘 보이더라고. 일은 해야 하는데 계속 쳐다보고. 기계로 자수 놓는 일을 했는데 바늘이 부러지거나 하면 큰일 나지. 한번은 옆에서 일하던 애가 너무 힘들어서 기절을 했어. 가만히 생각해 보니 사람이 중요하지 싶어서 기계를 세워 버렸어. 그러면 내가 문책을 당하지. 어쩌겠어. '아무리 그래도 사람이 중요하지. 손해난 거 내가 물어 주면 되지' 하면서 기계를 세우고 그 애를 병원에 데리고 갔어."

그때의 공장 풍경은 그녀에게 언제나 생생한 오늘이었다. 어찌나 이야기를 실감 나게 하는지 마치 내가 그 작업대 곁에 서 있는 것 같았다. 야간 일을 해야 할 때의 피로, 곁에서 쓰러진 동료, 작업장의 성희롱과 온당치 않았던 남성 관리자의 제안들, 책가방을 메고 달려가는 또래를 볼 때의 고통…… 이야기를 들으며 나도 그 은밀하고 어두운 기억의 장소로 들어갔다.

그런 소통이 이루어지는 순간은 말하는 이가 듣는

이를 신뢰하는 순간이며, 듣는 이에게는 겪지 않은 인생을 만나는 순간이기도 하다. 함께 공감한 순간은 글에도 생동감 있게 담긴다. 듣는 이가 가장 크게 공감한 지점이 결국 글에서 독자에게 비중 있게 전달되기 때문이다. 인터뷰에서 듣는 이가 말하는 이에게 공감을 많이 할수록 독자를 감동시킬 수 있는 글이 탄생한다.

그러나 일상과 다른 만남은 그 독특함 때문에 나의 기억 속에 똬리를 틀고 남아 있기도 한다. 나는 문득문득 인터뷰 과정에서 내밀한 삶에 깊이 공감했던 인터뷰이의 현재 모습을 상상하곤 한다. 찾아오는 이 없는 골방에 있다가 무표정하게 나를 맞았던 그 여성은 잘 있을까. 인터뷰하는 내내 자고 있던 아이는 잘 크고 있을까. 아픈 엄마를 위해서는 자는 수밖에 없다고 마음먹은 듯 지치도록 자던 아이였다. 집 안에 남들이 쓰다 버린 물건을 들이는 것으로 마음의 허기를 달래던 또 다른 여성은 지금 어떻게 지낼까. 바라던 삶을 새롭게 살고 있을까.

듣고 말하는 것은 어디까지나 그 순간의 진실이다. 듣는 이는 말하는 이가 그 순간에 가졌던 느낌과 해석을 자신의 방식대로 느끼고 해석해서 기록으로 남긴다. 그래서 시간이 지날수록 인터뷰이가 어떻게 바뀌었을지 상상하기 어려웠다. 듣는 것만으로, 쓰는 것만으로 그의 요구를 다 채우지 못하는데 기록이 과연 어떤 의미가 있을까, 하는 회의감도 들었다. 그렇게 생각하다 보면 나는 그녀들이 혼자 지내던 방이나 쫓기며 일하던 일터에 갇힌 것 같은 느낌에 사로잡혔다. 그녀들의 우울과 절망이 나에게 스며들어 나 자신을 잃는 것 같은 착각이 들기도 했다. 그럴 때는 그 방의 문을 열고 후다닥 뛰쳐나가는 나를 상상했다.

그렇지만 이야기의 힘은 작지 않다. 인간은 경험을 다르게 이야기하고 해석함으로써 자신과 타인을 구해 낼 수 있다. 한나 아렌트는 『인간의 조건』에서 인간의 행위와 언어 능력의 힘을 강조한다. 이야기를 하거나 개인적 경험을 예술적으로 전환할 때 사람들의 마음과 정신, 감각은 그에 속한 열정, 사유, 즐거움을 공적 현상에 적합한 형태로 만들어 낸다. "우리가 사생활과 친밀성에서만 경험할 수 있는 것에 관하여 이야기할 때마다 우리는 이 경험을, 일종의 실재성을 획득할 수 있는 영역으로 집어넣는다. 물론 이 경험들은 강렬하지만 이전에는 결코 그 정도의 실재성을 갖지 못했다. 우리가 보는 것을 보고 우리가 듣는 것을 듣는 타인의 현존으로 인하여 우리는 세계와 우리 자신의 실재성을 확신한다."*

말하면서 우리의 경험과 우리 자신은 진짜가 되어

세계에 자리 잡는다. 일상에서는 각자 생존을 위해 자기 영역에 갇혀 그 밖의 공간과 만남을 상상하지 못하지만, 이야기는 나의 일상과 세계 사이를 이어 준다. 우리가 말하고 듣고 이를 전할 때 공공의 영역에서 우리는 선택의 책임을 지고 행위하는 인간으로서 역할을 한다. 밖으로 나온 이야기는 이제 두 사람만이 아는 이야기가 아니다. 타인들이 그 이야기를 접할 때, 이야기는 세계와 인간의 지속을 위해 지금 다 같이 무엇을 어떻게 할지 묻는 힘을 가지게 된다.

성폭력 피해를 겪은 여성을 만난 적이 있다. 어떻게 그 고통 속에서 자신을 잃지 않고 지켜 냈느냐는 질문에 그녀는 잠시 생각하다 이렇게 대답했다.

"기도 덕분이에요. 저는 저에게 있었던 모든 일을 신에게 고백하고 구해 달라고 빌었어요. 지금 생각하면 그 말을 다 할 수 있어서 정신을 지킬 수 있었던 것 같아요."

그 말을 들을 수 있는 대상이 존재한다다면 인간은 완전히 파괴되지 않고 폭력 속에도 자신을 지켜 내고

---

* 『인간의 조건』(한나 아렌트 지음, 이진우·태정호 옮김, 한길사, 2002), 103쪽.

세계와 연결성을 유지할 수 있다. 이야기는 해야 하는 것과 해서는 안 되는 것, 그것에 대한 공동의 믿음과 승인을 그 안에 가지고 있다. 믿음의 체계를 부수고 뒤흔드는 폭력에 맞서, 불신과 욕망에 사로잡힌 이야기들에 맞서 그녀는 자신의 이야기를 지켜 냈다. 가해자의 세뇌에도 불구하고 폭력은 잘못된 행동이고 자신은 인간으로서 존엄하다는 믿음을 지켜 냈다. 그녀는 말을 들어 주는 이의 힘을 믿었다. 그래서 고통받은 이야기를 끝까지 해냈고, 다른 이들이 자신의 이야기를 듣고 만연한 폭력에 대항할 수 있으리라 믿었다.

여성들의 경험과 해석은 불신받고 좀처럼 말로 표현되지 않았다. 하지만 여성에게 그것이 어떤 경험이었고 어떻게 기억되는지가 삭제된다면 우리는 온전한 이야기를 물려받지 못할 것이다. "여성들의 사적인 행동에 공적인 성격을 부여하고 또 그렇게 해서 여성 시민도 주권자라는 사실을 만천하에 알리려 했던"* 노력은 근대 혁명기를 비롯해 그 후에도 계속 시도되고 있다. 여성들은 말할 권리를 때로 목숨과 바꾸어 가며 사회에 말 걸기를 멈추지 않았다.

---

* 『여성의 역사 4(상)』(조르주 뒤비 · 미셸 페로 편집, 권기돈 · 정나원 옮김, 새물결, 1998), 57쪽.

여성의 현실 경험이 이토록 비가시화된 것은 여성이 아직 사회의 시민으로 완전히 인정받지 못하기 때문이다. 사회 구성원으로서 당연한 권리를 보장받지 못하기 때문이다. 역사적으로 여성은 시민이나 개인이기 전에 '여성'이라는 성 역할에 갇힌 존재로 규정되었다. 그래서 여성의 노동, 여성의 가족, 여성의 역사는 공적으로 제대로 논의되지 않았다. 여성의 요구는 인권의 문제이므로 사회와 공동체가 함께 해결책을 찾아내야 한다는 데 초점이 맞춰지지 않고, '여성으로서' 그녀가 감내할 일이므로 묵살되는 쪽이었다. 남성 중심 사회는 끊임없이 여성들의 차이를 부각하고 가부장적 위계 서열의 잣대로 존중받을 만한 여성과 존중받을 필요가 없는 여성으로 나누었다. 여성들이 머물러야 할 장소, 여성들이 만나야 할 사람, 여성들이 가야 할 곳은 모두 규범적으로 정해져 있었고, 그 규범에서 벗어난 이야기는 '여성답지 못했다'는 한마디로 지워졌다. 한 여성이 여성다움의 기준치를 충족하는지만 세간의 관심사였다. 여성들이 이야기를 하면서 고통스러워하는 것은 그 기준이 팽배하고 내면화되어서, 자신의 경험을 자기 입장으로 설명할 길이 막혔기 때문이다.

여성은 이 사회의 시민으로서 집에서건 직장에서건 그 어디에서건 폭력을 당하지 않을 권리가 있다. 여성은 한 개인으로서 전통의 억압에 맞서 자아를 실현할 권리가 있다. 남성이 그렇다면 여성 역시 이전 시대보다 더 많은 자유를 누리고 꿈을 이룰 권리가 있다. 그러니 '여성'의 이름으로 폄하되고 축소된 그녀들의 이야기가 이 사회의 모습과 어떻게 연결되어 있는지 적극적으로 읽어 내는 것은 듣는 이의 몫이다. 여성이 겪는 고통의 대부분이 지극히 사회적인 구조에서 비롯하기에 사회적 자원의 공평한 분배로 해결되어야 한다. 그 과정에서 공통의 문제를 드러내고 이들의 목소리를 들리게 할 필요가 있다.

여성들의 경험은 그것이 아무리 개인적인 이야기처럼 들릴지라도 사회적인 이야기다. 장애를 가진 여자아이가 보육원에 보내진 이야기든, 공장 노동자로 일하다가 학력을 속이고 결혼한 뒤 평생 전전긍긍하며 산 주부의 이야기든, 아버지에게 당한 성폭력에 이름 붙일 수 없어 괴로워하는 친족 성폭력 피해자의 이야기든, 친절로 매출을 올리라고 백화점에서 다그침을 받다가 그만 좀 괴롭히라며 스스로 세상을 등진 노동자의 이야기든…… 모두 개인적인 이야기가 아니라 시민으로서 권리를 보장받지 못한 이들의 이야기다.

여성이 이야기한다는 것은, 관찰당하고 평가받던 존재가 공적인 주체로서 이 사회에 준열한 질문을 던진다는 뜻이다. 불편했지만 참아야 했던 것, 괜찮아 보였지만 정말 괜찮지 않았던 것, 이해할 것을 강요받았지만 이해할 수 없었던 것. 그리고 주어지는 대가가 너무 적은 것에 대한 분노. 늦었지만 더 미룰 수 없는 질문. 그 모든 것이 여성들의 이야기 속에 담겨 있다. 침묵하든, 중언부언하든, 스스로를 비난하든, 그녀들이 하고 싶은 말은 자신의 욕망과 입장이다.

때로 여성들이 자신보다 더 약한 존재를 경멸하고, 나약하다고 비난하고, 권력을 가진 이에게 동화되기를 갈망한다 해도, 그 모든 것이 결국 여성이 상처받은 자리를 가리킨다는 것을 듣는 이는 이해해야 한다. 그들이 바라는 것은 더 건강하고 안전하고 평등한 삶이라는 것을 읽어야 한다. 그렇지 못한 사회의 불평등과 불공정을 가차 없이 비판할 수 있어야 한다. 평등한 목소리는 공공성을 회복해 내고 세상을 더 민주적인 곳으로 바꾸어 낸다.

영화 〈가스등〉(조지 큐커 감독, 1948)에서 남편의 가정 폭력에 자신을 잃어 가던 여주인공은 집 안에 갇혀 책을 펼치고 필사적으로 읽는다. "그래서 사람들은 공공장소에…… 사람들이 계속해서 공공장소에 나가……" 밖으로 나가고 싶은 그녀는 거듭 중얼거린다.

자신을 찾기 위해 가부장의 집을 떠나 세상을 만나야 한다는 건 많은 여성의 절박한 요구다.

여성은 자신을 부정하는 표현 체계가 공고한 곳에서 자신의 경험을 긍정적으로 표현하고 스스로를 인정하는 데 제한을 가진다. 그녀에게는 자신의 경험을 해석할 언어와 이를 이해하고 지지할 더 많은 청중이 필요하다. 그들은 자신을 부정하고 자존감을 짓밟는 말을 이해하느라 너무 많은 에너지를 썼다. 이제 남은 힘을 자신의 말을 만들어 내는 데 써야 한다. 우리를 지배하는 권력을 향해 질문하고 자신의 진짜 경험과 요구를 소리 내어 말하면서 공동체의 변화를 모색할 때, 말들은 세상 속으로 먼 길을 떠난다.

한 명의 듣는 사람과 한 명의 말하는 사람은 서로 함께 있었다는 것만으로 그 장소를 광장으로 만들었다. 그곳이 누구의 눈에도 띄지 않는 밀실이었더라도, 그들은 이야기를 나누었다는 이유로 그곳을 다른 공간으로 탈바꿈시켰다. 그곳에 있던 사람은 무력한 이가 아니라 세상에 발화하기 시작한 힘 있는 주인공들이다. 나는 그 장소에 남아 있는 이들의 외로움을 떠올리며 위축되기도 했지만, 말하는 이가 가진 힘과 듣는 이가 가진 능력은 분명히 있었다.

여성에게 부과된 집이라는, 좁은 밀실 공간은 그녀와 내가 만나 모든 것에 대해 이야기하기 시작함으로써 확장되었다. 우리는 사방의 벽을 무너뜨리고 누구도 눈길을 주지 않던 공간을 공공의 자리, 광장으로 변모시켰다. 우리는 우리가 있는 자리에서 이야기하고, 이 자리에서 볼 수 있는 세계에 관해 말한다. 그리고 그 순간, 우리가 있는 자리는 이 세상에서 지워진 자리가 아니라 세상에 다시 이름 붙이고 세상을 새롭게 만들어 내는 자리가 된다.

산모들이 참가한 한 행사장에 갔을 때 객석에 앉아 있던 한 여성이 다가와 인사했다. 그녀는 내가 자신의 이름을 잊었을 거라고 생각했다. "저예요, 수집증 엄마." 아무 데도 나가지 않고 버려진 물건을 모으면서 살던 이였다. 문을 두드려 준 사람들 덕분에 덜 부끄러워졌다고 말한 이였다.

그녀는 웃었다. 그녀는 산더미 같은 물건들을 과감히 버리고 대신 함께 살 가족을 선택했다. 아기를 안고 있었다. 미혼모여서 자신의 성을 따르게 하고 이름을 지어 주었다고 했다. 그녀가 살려 낸 아기였다. 나는 그녀가 들려준 이야기에만 머물러 있었는데, 그녀는 벌써 이야기의 다음을 용감하게 살아가고 있었다. 나는 그녀를 좀 더 믿었어야 했다. 아기를 안고 뒤돌아서는 그녀를 보며 알았다. 아무 데도 기록되지 않고 누구에게도 들리지 않아도 뚜렷이 존재하는 삶이 있다는 것을.

외딴 방에서 만난 그녀들이 세상으로 나와 말하고 있었다. 보아 주는 이 없어도 주눅 들지 않고 더 당당하게. 그들의 이야기는 더 이상 갇혀 있지 않았다. 그녀들은 자신이 무엇을 해야 하는지, 앞으로 어떻게 싸우고 길을 걸어가야 하는지 잘 알았고, 꿋꿋이 걸음을 떼고 있었다. 학대와 폭력과 가난과 무관심에도 불구하고 자신들의 이야기를 새로 만들어 가고 있었다. 삶뿐 아니라 이야기도 시간 속에서 자라고 변한다. 한 사람은 삶을 사는 동시에 이야기를 산다.

용감한 이야기들이 모일 수 있는 드넓은 광장을 우리는 다 함께 일궈 내야 한다. 작은 목소리들이 자신의 몫을 되찾을 수 있는 광장. 우리의 가능성을, 이야기의 가능성을 열어젖히는 광장. 우리 사이에 놓여 있던 벽을 무너뜨리는 광장. 우리가 마주 보고 나눈 이야기가 누군가의 문을 두드리고 열게 하면, 또 하나의 광장이 만들어지는 것이다.

우리는 끊임없이 말하고 끊임없이 들으면서 서로를 지켜 낸다. 우리가 우리에게 주어진 세상에만 머무르지 않고 다른 세상으로 나갈 통로를 찾을 수 있는 것은 이 때문이다. 여성에게 주어진 낡은 지도를 버리고 다른 세상을 그리며 걸음을 옮길 때, 그 여정 자체가 우리에게 새로운 지도가 될 것이다. 한번 이야기를 하고 나면, 그다음의 우리 이야기는 달라질 것이다.

페미니즘프레임
04 **인터뷰**

당신의 말을 내가 들었다

2020년 3월 25일 처음 찍음

지은이	안미선
펴낸곳	도서출판 낮은산
펴낸이	정광호
편집	강설애
교정	이은경
제작	정호영
출판 등록	2000년 7월 19일 제10-2015호
주소	04048 서울시 마포구 어울마당로5길 16 반석빌딩 3층
전화	02-335-7365(편집), 02-335-7362(영업)
팩스	02-335-7380
이메일	littlemt2001ch@gmail.com
제작	상지사 P&B

ISBN 979-11-5525-131-7 03300

이 도서의 국립중앙도서관 출판예정도서목록(CIP)은 서지정보유통지원시스템 홈페이지(http://seoji.nl.go.kr)와 국가자료공동목록시스템(http://www.nl.go.kr/kolisnet)에서 이용하실 수 있습니다. (CIP제어번호 : CIP2020010662)